府県制郡制釈義 全
【大正3年初版】

栗本勇之助
森　惣之祐　同著

地方自治法研究
復刊大系〔第二八二巻〕

府県制郡制釈義　全

〔大正三年初版〕

日本立法資料全集　別巻
1092

信山社

法學士　栗本勇之助
法學院々友　森　惣之祐
同著

府縣制郡制釋義　全

東京　修學堂

府縣制目次

郡制目次

目次終

改正 府縣制郡制釋義

府縣制

府縣の沿革　往古の時代は史籍詳かならすと雖も按するに神武天皇都を橿原に定め大倭國葛城國の國造を置き其他功勳の士を國造と爲し次きに縣主の職を定めたるは地方區劃の發端ならん歟夫れより成務天皇四年詔して國郡に長を立て縣邑に首を置き云々とあり又同五年詔して國郡に造長を立て惡人の害を拂ひ縣邑に稻置を置き貧乏の者を育すとあり孝德天皇二年の詔には畿內に國司郡司を置き云々とあり降て源平二氏武門を以て交々尙武の氣風を養ひ封建の兆茲に胚胎し遂に賴朝覇府を鎌倉に開くに至り政權武門に歸し德川氏に至りしか明治元年維新の改革にて王政復古の照代となり政令一途に出つるに當り地方を府藩縣に分ち明治四年廢藩置縣の詔あり十一年琉球藩を廢し十五年開拓使を罷め海內

盡く府縣の治に屬せり

地方自治の沿革　我か邦古代は自治行政なし其の萠芽は鎌倉覇府時代の莊園に在り其の最も發達せしは舊幕府の制度とす幕府の制度は地方行政を二種に分ち一を町行政とし一を郡行政とし町には町奉行あり町年寄あり其の下に名主、地主、家主、五人組あり郡には郡奉行(又は代官とも云ふ)あり名主(庄屋とも云ふ)組頭、百姓代あり町奉行は江戸府内の行政の全權を掌り又江戸町々の訴訟を裁判す定員二人あり南北奉行に分れ月番を以て交代せり町年寄以下は町人より任せし機關なり一町内の事は細大となく地主の處分に委ねて月行事を立て地借店借以下は皆其の指揮に從ひ公役銀(地方税)は小間割付と定め郡行政に於ける庄屋組頭百姓代は百姓より選定せる機關にして庄屋は一切の村行政に任し世襲のものあり順番交代のものあり公選のものあり組頭は始め五人頭の長なりしも後ち庄屋の補助役と爲り百姓代は百姓の代表者として村行政の執行を監督せり故に町は地主の自治に任し村は百姓の自治に任し地方行政の機關秩然として備はれり而して當時各藩の制度大概ね此の方針に從ひ大同小異なりしなるへし大勢一變して王政復古の後尙舊觀を脫せさりしも明治天皇輿論を重んじ登極の初に當て五ヶ條の成文を仰せ出され臣僚に法案を索められ時勢益發達進步し準備漸く整ふに及んで明治二十一年市町村制を發布し明治二十二年憲法を頒ち玉ひ明治二十三年府縣制郡制を發布せられ地方自治の基礎完美し爾來切々臣民の自由權利に關する法典を制定せられ立憲法治の國となり自治の臣として完全無缺の運轉を爲すの時運に際會したり

自治體の性質　府縣は上級の地方自治團體たれは其各條の說明に入るに先ち地方自治とは如何なる謂なるやを一言すへし近來の行政組織に於ては國家か直接に官府を設置し之に依りて行政を施行するのみならす尙ほ地方團體なるものを認識し之に行政の一部分を委託し而して地方團體は其機關を設け其自治の事務を執行せしむるものなり故に自治團體は國家の間接の行政機關にして其團體の施行する行政は即ち國家の間接の行政たるに外ならさるなり地方自治の性質を

解して國家に對抗する一種の權力團體なりと稱する學者あれとも此の如き解釋は現行制度の法理に反するものなり現行自治行政の性質は國權の作用に依りて自治の權能を認許せられ其認許せられたる權能に依りて其地方公共の事務を自治するものを云ふなり故に自治團體は國家の行政機關の一にして國家より獨立分離したる權力團體たるにあらさるなり或は曰はん然らは何を以て自治團體と他の官府とを區別するかと曰く抑も自治團體なるものは一定の土地と其住民より構成せる所の共同團體にして團體自身の目的を有するものなり而して所謂團體の目的とは團體の公共事務を自ら施行することに存するなり即ち地方團體は自己固有の目的を有し法律に定めたる趣旨に依りて其目的を實行する權能を有するものなり自治體は法人なるも官府は法人にあらす官府には自己固有の目的なく又自己固有の意思存せさるなり官府の目的は國家の目的にして官府の權利は即ち國家の權利なり斯の如く官府と地方自治團體とは互に其性質を異にせるものなり

本法改正の理由　本法改正の趣旨は明治二十三年發布の府縣制は數年の成績に徵するに其の缺點著明なるものあり或は其規定の精密ならす若くは文義の明晰を缺くか爲に徒らに執行機關と議事機關との間に紛議を釀生し私人と官廳との間に解釋を異にし從て訴願訴訟を滋生し或は其の規定の實際に適當せさるか爲めに專ら注文に依らんと欲すれは往々行政の實を害し務めて實際の便利に從はんと欲すれは却て注文に背戾するか如き形跡を顯はし或は規定の缺加せるか爲めに實際に必要なる政務も之を施行すると能はさるの憾あり地方自治行政の弛張は惟り自治團體の盛衰に關するのみならす施て其影響を國政に及さゝるもの鮮し而して其行政の準繩たる制度の缺滿既に此の如くなる以上は宜しく速に適當の改正を施し以て其政務の整理と振張とを企圖せさるへからさるにより政府は第十三議會に之れか改正案を提出し實施せられつゝありしが又々時勢の進運に伴ひ第三十一議會に再び之れが改正案を提出し實施せらるゝこととはなりぬ

（說明）總則は此の法律全體に涉る所の通則を規定したるものなり

第一條　府縣ハ從來ノ區域ニ依リ郡市及島嶼ヲ包括ス

（說明）本條は府縣の基礎たる區域のことを定めたるなり

凡そ自治體の基礎は一定の疆土及人民の二元素より構成せらるゝものにして市町村は其區域及ひ區域內に住居する人民より成立する所の團體にして郡は町村を以て組織せられ亦府縣は其郡市及島嶼を包括して組織せらるゝものなり其從來の區域に依り敢て變更を爲さゞる所以は地方行政の區劃は山河水陸等自然の形勝若くは行政の便宜に依りて定めたるものにして星霜を經るに隨ひ其風俗習慣を養成せるを以て屢々變更を爲すは策の得たるものにあらさるを以て從來の範圍を依然として其府縣の區域となしたるなり

第二條　府縣ハ法人トシ官ノ監督ヲ承ケ法律命令ノ範圍內ニ於テ其ノ公共事務並從來法律命令又ハ慣例ニ依リ及將來法律命令ニ依リ府縣ニ屬スル事務ヲ處理ス

（說明）本條は府縣は法人にして其事務を處理するに付如何なる法則に準據す

可きやを規定したるものなり

法人とは法律の擬制により人たるの資格を認められ權利を得義務を負ふ所の主體となることを得るを謂ふものにして法理上の語を藉りて說明すれは府縣は人格者なりと云ふの意なり即ち府縣は自己固有の目的を有し法律に定めたる趣旨に依りて其目的を實行する權能を有するなり故に府縣は人格を有し又自治の權能を有するなり乍併茲に注意を要するは法人と稱するも私の法人とは異なること是れなり通常の社團法人なるものは自己の獨立の目的を有し且之を主張するか爲めに權利を有し法律か其權利の主體たることを認識するに依りて法人を爲すものにして此點に關しては毫も通常の社團法人體と地方自治團體と軒輊なきも行政の機關にして國家に對して特別の關係を有するなり特別の關係とは何ぞやと云ふに自治團體夫れ自身の目的を達するは即ち其團體か國家に對する義務を盡す所以にして從て又自治團體か國家行政の機關を成す所以なり之に反して通常の社團法人は國家行政の機關の一部にあらず故に通常の社團法人は素よ

り法律に背反せることを目的となすことを得すと雖も自己の目的を達すると否とは當事者の自由に一任し法律は敢て之に干涉せず唯の目的か公益を害せざることを期するに過ぎざるなり例へば商事會社若くは敎育慈善等の事業を目的とする團體の如し其團體か目的を達すると否とは法律の關係する所にあらず故に自由に團體を構成し又自由に解散することを妨げざるなり然るに地方自治團體は其團體の目的を達すると否とは團體の任意の事業にあずして國家に對して其の目的を達するの義務を有するものなり是れ即ち國家に對する特別關係を有するより生したる義務にして其達す可き目的とは即ち自治其ものを稱するなり而して自治とは何そやと云ふに自己の利益の爲めにする團體の權能たると同時に又國家に對して團體か果す可き所の義務を云ふものなり此關係を稱して地方自治體の國家に對する特別關係と云ふ此の斯く府縣は自治體にして法人なるも上述の如き國家に對する特別關係あるより國家の干涉を受けざる可からざるは勿論のことなりとす故に法文にも官の監督を承け法律命令の範圍內又は慣例に依

りて其府縣に屬する事務を處理す可きものとなしたる所以なり其法律と稱するは議會の協贊を經て裁可公布せられたるものを云ひ命令とは議會の協贊を經ずして發したる國家の意思の發動にして即ち勅令閣令省令の如し其法律と云ひ命令と稱するも唯其形式を異にするのみ遵由の効力に至りては二者の間區別なきなり

第三條 府縣ノ發置分合又ハ境界變更ヲ要スルトキハ法律ヲ以テ之ヲ定ム
府縣ノ境界ニ渉リ郡市町村境界ノ變更アリタルトキハ府縣ノ境界モ亦自ラ變更ス所屬未定地ヲ市町村ノ區域ニ編入シタルトキ亦同シ
本條ノ處分ニ付財產處分ヲ要スルトキハ內務大臣ハ關係アル府縣郡市參事會及町村會ノ意見ヲ徵シテ之ヲ定ム但シ法律ノ規定アルモノハ此ノ限ニ在ラス

（說明） 本條は府縣の基礎に變動を生ずる場合に其據る可き所の法則を規定したるものなり

一項 府縣の廢置分合とは一府縣を分離し數府縣となし又は數府縣を合併して

一府縣となすを云ひ境界變更とは一府縣の一部分を割きて他の府縣に編入する等府縣の管轄換へを云ふなり此の如く府縣の基礎に變動を生ずる場合には勅令省令等を以て定むることを得ず必ず法律を以て定む可きこと〻なしたるなり法律は議會の協賛を經て天皇の裁可せられたるものにして法律に依らざれば改正することを得ざるものなり府縣の變動は重大のことにして忽諸に付す可かざるものなるより法律に非らざれば動かすこと能はざるものとなしたるなり

二項　本項は第一項の例外を規定したるものにして郡制第三條市制第四條町村制第四條の規定に依り府縣の境界に當る郡市町村の境界を變ずる時は特に第一項の法律に依らずして府縣の境界自から變更するものと定めたるなり所屬未定地とは山間僻陬の地等未だ何れの府縣にも屬せざるものにして市町村に編入せられたるときは法律を要せずして自から其市町村を管轄する府縣の境界擴張したるものとなしたるなり

三項　府縣の變動に際せば財產の分合受授は亦當然隨伴するものにして其處分

方法に就き其關係自治體の議決に委するときは各自利益を主張して相讓るなく論爭の止むなきを保せざれば地方行政の監督者たる內務大臣は關係府縣郡市參事會及町村會の意見に徵し以て決定をなすべきものとせり乍併其財產の讓與分割等法律に明文の設けあれば勿論其法律に準據す可きものとす

第二章　府　縣　會

（說明）　第二條に於て詳述したる如く府縣は一個の法人なるを以て其意思を發表し又其事務を處理するに必要なる機關なかる可からず則ち其機關は府縣及び府縣參事會なり府縣會は府縣內の郡、市に於て選擧したる議員を以て組織す本章は則ち府縣會の組織、議員の選擧及び其權限に關することを規定せり

第一款　組織及選擧

第四條　府縣會議員ハ各選擧區ニ於テ之ヲ選擧ス

選擧區ハ郡市ノ區域ニ依ル但シ東京市京都市大阪市其ノ他勅令ヲ以テ指定シタル市ニ於テハ區ノ區域ニ依ル

（說明）　本條は府縣會を組織する議員の出所に關する法則を規定したるものにして本條によれば府縣會の議員は各選擧區より之を選出す可きものとせり然して其選擧の區劃は郡市の區域に依るとあるを以て一郡一市を以て選擧區を爲すものとす其數に關することは次條の規定を見て知るへし上述の如く郡市の區域を以て選擧區となすを本則となしたれども東京、大阪、京都其他勅令を以て指定したる市に於ては特に例外として區を以て選擧區域となしたり

第五條　府縣會議員ハ府縣ノ人口七十萬未滿ハ議員三十人ヲ以テ定員トシ七十萬以上百萬未滿ハ五萬ヲ加フル每ニ一人ヲ增シ百萬以上ハ七萬ヲ加フル每ニ一人ヲ增ス

各選擧區ニ於テ選擧スヘキ府縣會議員ノ數ハ府縣會ノ議決ヲ經テ府縣知事之ヲ定ム

議員ノ配當ニ關シ必要ナル事項ハ內務大臣之ヲ定ム

議員ノ定數ハ總選擧ヲ行フ場合ニ非サレハ之ヲ增減セス

（說明）　本條は府縣會議員の數を規定したるものにして舊法は議員の數は勅令に讓れりと雖も新法に於ては本條の如く法律を以て其定員を規定したり則ち人口七十萬未滿の府縣は三十人を以て定員と規定し以上百萬に滿つる迄は七十五萬は三十一人八十萬は卅二人と五萬を加ふる每に一人づつ增加す可きも百萬以上に至りては七萬人を加ふる每に一人を增加す可きものとなし（舊法議員の數は勅令に讓れるより二十四年勅令五十九號を以て府縣會議員定數規則を發布せられ其の數は斯法規定の數と同じ）其府縣全體の議員數は前述の如くにて定まると雖も議員は各選擧區より撰出す可きものなるにより全體の數を選擧區の人口に割當て一人未滿の數を五入の方法によるとするも或は全體の數に一二人の增減を生ずることあり故に第二項に於て選擧すべき府縣會議員の數例へば甲郡は一人乙郡は二人丙郡は三人等を決定するは府縣會議決を經て府縣知事か之を定むることゝなし然して第三項に於て議員配當に關し必要なる事項は內務大臣に於て之を定む可きものとし第四項に於て府縣會議員の定數は總選擧の場合に非ざれば增減することを得ずとなしたり

第六條　府縣內ノ市町村公民ニシテ市町村會議員ノ選擧權ヲ有シ且其ノ府縣內ニ於テ一年以來直接國稅年額三圓以上ヲ納ムル者ハ府縣會議員ノ選擧權ヲ有ス
府縣內ノ市町村公民ニシテ市町村會議員ノ選擧權ヲ有シ且其ノ府縣內ニ於テ一年以來直接國稅年額十圓以上ヲ納ムル者ハ府縣會議員ノ被選擧權ヲ有ス
家督相續ニ依リ取得シタル者ハ其ノ財產ニ付被相續人ノ爲シタル納稅ヲ以テ其ノ者ノ納稅シタルモノト看做ス
府縣會議員ハ住所ヲ移シタル爲市町村ノ公民權ヲ失フコトアルモ其ノ住所同府縣內ニ在ルトキハ之カ爲其ノ職ヲ失フコトナシ
府縣會議員ノ選擧權及被選擧權ノ要件中其ノ年限ニ關スルモノハ府縣郡市町村ノ廢置分合若ハ境界變更ノ爲中斷セラルルコトナシ
左ニ揭クル者ハ府縣會議員ノ被選擧權ヲ有セス其ノ之ヲ罷メタル後一箇月ヲ經過セサル者亦同シ
一　其ノ府縣官吏及有給吏員

二　檢事警察官吏及收稅官吏
三　神官神職僧侶其ノ他諸宗敎師
四　小學校敎員

前項ノ外ノ官吏ニシテ當選シ之ニ應セントスルトキハ所屬長官ノ許可ヲ受クヘシ
選擧事務ニ關係アル官吏員ハ其ノ關係區域内ニ於テ被選擧權ヲ有セス其ノ之ヲ罷メタル後一箇月ヲ經過セサル者亦同シ
府縣ニ對シ請負ヲ爲ス者及其支配人又ハ主トシテ同一ノ行爲ヲ爲ス法人ノ無限責任社員重役同支配人ハ其ノ府縣ニ於テ被選擧權ヲ有セス
府縣會議員ハ衆議院議員ト相兼ヌルコトヲ得ス

（說明）　本條は府縣會議員の選擧權及被選擧權に關することを定めたるなり
選擧權を得るには左の要件を具備せざる可からず
第一　府縣内の市町村公民たること
府縣内とあるにより他府縣の公民にては不可なり市町村公民とは(一)帝國臣

民にして公權を有すること(二)年齡二十五歲以上の男子にして一戸を構へ且つ治産の禁を受けざること(三)二年以來市町村の負擔を分任し及其市町村内に於て地租を納め若くは直接國稅二圓以上を納むること公費を以て救助を受けたる者は二年を經たることを要するなり(市制第七條町村制第七條參照)

第二　市町村會議員の選擧權を有すること

是れは前述市町村の公民にして其公民權を停止せられず且陸海軍の軍役中に在らざる者を云ふなり

第三　其府縣内に於て一年以來直接國稅年額三圓以上を納むること

自己の住する府縣内ならざる可からず一年以來とは滿一年以上直接國稅を納め尙ほ引續き納むる者を云ひ直接國稅とは學問上より云ふときは立法の目的上納稅者をして同時に負稅者たらしむるものにして其稅を他人に轉嫁することを希望せず若くは轉嫁せしめざるものを云ふものなるも玆に稱する直接稅の種類は内務大臣及大藏大臣之を告示するものとせるを以て(本制第百四十

五條參照）其告示を待たざれば明言し難きも地租所得稅等は勿論なる可し

以上三個の條件を具備し初めて府縣會議員を選擧するの資格を得るなり

被選擧權を得るには稅額十圓以上たるを要する外選擧權の條件と同一なるを以て亦贅せず

上述の如く選擧權被選擧權を得るには稅額と年限とに關し本人の名義たるを要することなるも家督相續に依り財産を取得たるものには被相續人の爲したる納稅は相續人の爲したるものと見做され被相續人の納めたるものは自己の納めたると同一の權利を有することを得るものとす

府縣會議員の被選擧權を得るには市町村公民たるを要するは前述の如くなるも府縣會議員となりたる者にして例へば甲町村の公民たりしも乙町村に移りたるか爲め其年限二年に滿たずして公民權を失する如きことあるも其住所同府縣内なるときは其爲めに議員の資格を失ふものにあらず是れ同一府縣内に於て公民たるの義務を盡し權利を得たるものなれば之れをして議員たらしめ府縣を代表

せしめるも更に不可なることなきを以てなり

選擧權被選擧權の要件中其年限に付ては府縣郡市町村の變動の爲め中斷せらるる事なきものとす

又職務により議員たることを得ざるものあり以下其如何なるものなるやに付き說明する所あらんとす

一　其の府縣官吏及有給吏員

其の府縣に奉職する官奉と有給吏員（本官にあらざるも府縣より給料を受けて行政事務に從事するもの）は直接に其府縣の行政事務の執行を司とる者なれば一は執行機關と代議機關の區別を至ふせんか爲め二は此等の官吏及吏員は相應の權力を有するものなるより更に代議の勢力を加ふるは權力の偏重せんことを恐るゝを以て議員たることを得ざるものとなしたる所以なり

二　檢事警察官吏及收稅官吏

檢事警察官吏は犯罪搜索のことを司とるの職務を有するものにして又收稅官

吏は專ら租税を收納するの職を帯ぶるものなれば現職に在りつゝ議員を兼ねしむるときは職務上に差支ゆる場合あり二者の責任を全たふすること能はざる等機宜を得さるものにあらざるにより是れ等の官吏は被選權を有せざるものとなしたるなり

三　神官神職僧侶其の他諸宗敎師

是れ等宗敎家は靈魂上の敎訓を掌る者なれば政敎分離の今日に於て其性質固より政治に干與すべきものにあらず且神官僧侶宣敎師等は中等以下の社會に於て宗敎信仰の上より非常の勢力を有するものなれば是れ又權力偏重の弊を防がざるべからざるより被撰權を有せざることゝなしたるなり

四　小學校敎員

小學校敎員の職は兒童の敎育を掌るものにして父兄の心を左右し易く不公平の事なきを保せず且つ小學校敎員にして政界に奔走する如きあらば國民敎育の基礎たる任務を輕忽に付するに至る恐ある等弊害少なからざるにより被選

權を與へざりしなり

以上に陳述せる外の官吏則ち其府縣の他の官廳に奉職するの官吏にして當選したるときは府縣會議員たることを得べしと雖も官廳より俸給を受けて公務を奉するものなれば議員たるの故を以て猥に其本務を缺くこと能はざるは勿論なるを以て當選し之に應ぜんとする時は本屬長官に申立て許可を受けざる可からず選擧事務に關係ある官吏吏員は其の關係區域内に於て被選擧權を有せす其の之を罷めたる後一箇月を經過せざる者亦同じと規定したる所以は是等の職員をして被選權を有せしむるときは或は私曲を行ふなきを保せず且つ選擧人は無記名投票を爲すものなるも關係ある職員にして候補者たるときは公平を期し難く種々の弊害を免かれざるを以てなり

府縣に對して請負を爲す者及び其の支配人又は主として前者と同樣の行爲を爲す法人の無限責任社員重役及支配人等は其府縣の府縣會議員の被選擧權を有せざるものとなしたる所以は請負に關する者をして議員たらしむるときは自己の

營利の爲めに府縣の代表者たる職分を顧みざる如き恐なきを保せざればなり府縣會議員は衆議員議員と相兼ぬることを得ずとなしたる所以は衆議院議員たるものは博識の人にして能く國家經綸の大策を立つ可き人物たるを要するも府縣會にありては單に一地方の代議機關として其府縣內の利害得失を議するに止まるを以て國家の大事を以て自ら任ずるの士より寧ろ各府縣の實情に通ずるの著實なる人物を要す今若し府縣會議員をして衆議院議員を兼任し得るものとせば府縣第一流の人物推されて衆議院議員たると共に又府縣會議員に選ばるゝは理の當さに然る可き所なり將たして然らば議會に於ける黨派競爭の餘勢を亭くるに至るは勢ひ免かるゝことを得ざるに至り府縣は自治制度の利を享くるを得ずして却て其弊を受くるに至る故に法律は兼任を禁じ政黨の軋轢競爭を防ぎ且つ老成着實の人物を得て圓滑周到に自治體の美果を收めしめんとするに在り

第七條 府縣會議員ハ名譽職トス

議員ノ任期ハ四年トシ總選擧ノ日ヨリ之ヲ起算ス

（說明）　府縣會議員は名譽職とせり名譽職とは無形の名譽を得るに止まり別に給料を受けざる職務を云ふ其在職期限を四年としたるは任期の短きは事に習れず亦長きに過ぐるも宜しきを得たるものにあらざるより立法者適度を圖り四年となし又任期の計算は總選擧の日より之を起算するものとせり

第八條　府縣會議員中闕員アルトキハ三箇月以內ニ補闕選擧ヲ行フヘシ
補闕議員ハ其ノ前任者ノ殘任期間在任ス

（說明）　本條は議員に變動を生じたる場合に關する規定なり議員中被選の要件を喪失し又は死亡退職等の爲め闕員を生じたるとき又は變動ありたる爲選擧を要するときは速に後任者を選擧して臨時會開設するも差支なからしめざる可からず故に本條は遲くも三箇月以內に補闕選擧を行ふ可きものとせり補闕議員は其の前任者の殘任期間在存することゝなせるは補闕議員も尙ほ四年間在任するものとするときは改選期區々に分かれ非常に煩雜なる結果を生ずるを以て前任者の殘期間中職に在るものとせるなり例へば前任者二ヶ年在職したるものなれ

ば補闕議員は其殘期二年間在職するが如し

第九條 町村長ハ毎年九月十五日ヲ期トシ其ノ日ノ現在ニ依リ其ノ町村内ノ選擧人名簿二本ヲ調製シ其ノ一本ヲ十月一日マテニ郡長ニ送付スヘシ

郡長ハ町村長ヨリ送付シタル名簿ヲ合シ毎年十月十五日マテニ其ノ選擧區ノ選擧人名簿ヲ調製スヘシ

第十條 市長ハ毎年九月十五日ヲ期トシ其ノ日ノ現在ニ依リ十月十五日マテニ其ノ選擧區ノ選擧人名簿ヲ調製スヘシ

（説明） 此二个條は選擧人名簿調製期日に關する町村長、郡長及び市長の職務を規定したるものにして法文明瞭疑團を生ずる點なきにより敢て説明を付せす

第十一條 選擧人其ノ住所ヲ有スル市町村外ニ於テ直接國税ヲ納ムルトキハ九月十五日マテニ當該行政廳ノ證明ヲ得テ其住所地ノ市町村長ニ屆出ツヘシ其ノ期限内ニ屆出ヲ爲ササルトキハ其ノ納税ハ選擧人名簿ニ記載セラルヘキ要件ニ算入セス

（説明） 本條は選擧人にして其住所を有する市町村外に於て直接國税を納むる

ときの屆出に關する規定にして九月十五日までに其納稅する行政廳より證明を得て自己の住所地の市町村長に屆出づ可きものとせり若し其の期限內に屆出を怠りたるときは其の納稅は選擧人名簿に記載せらる可き要件に算入せられざるの結果を生ずることゝせり

第十二條　郡市長ハ十月二十日ヨリ十五日間其ノ郡市役所ニ於テ選擧人名簿ヲ關係者ノ縱覽ニ供スヘシ若關係者ニ於テ異議アルトキ又ハ正當ノ事故ニ依リ前條ノ手續ヲ爲スコト能ハスシテ名簿ニ登錄セラレサルトキハ縱覽期限內ニ之ヲ郡市長ニ申立ルコトヲ得此ノ場合ニ於テハ郡市長ハ其ノ申立ヲ受ケタル日ヨリ十日以內ニ之ヲ決定スヘシ

前項郡市長ノ決定ニ不服アル者ハ府縣參事會ニ訴願シ其ノ裁決不服アル者ハ行政裁判所ニ出訴スルコトヲ得

前項ノ裁決ニ關シテハ府縣知事郡市長ヨリモ亦訴訟ヲ提起スルコトヲ得

選擧人名簿ハ十二月十五日ヲ以テ確定期限トシ確定名簿ハ次年ノ十二月十四日マ

テ之ヲ据置クヘシ
府縣參事會ノ裁決確定シ又ハ訴訟ノ判決ニ依リ名簿ノ修正ヲ要スルトキハ郡市長ニ於テ直ニ之ヲ修正スヘシ
本條ニ依リ郡市長ニ於テ名簿ヲ修正シタルトキハ其ノ要領ヲ告示シ郡長ハ本人住所地ノ町村長ニ通知シ町村長ハ之ヲ告示スヘシ
確定名簿ニ登錄セラレサル者ハ選擧ニ參與スルコトヲ得ス但シ選擧人名簿ニ記載セラルヘキ確定裁決書若ハ判決書ヲ所持シ選擧ノ當日投票所ニ到ル者ハ此ノ限ニ在ラス
確定名簿ニ登錄セラレタル者選擧權ヲ有セサルトキハ選擧ニ參與スルコトヲ得ス但シ名簿ハ之ヲ修正スル限ニ在ラス
異議ノ決定若ハ訴願ノ裁決確定シ又ハ訴訟ノ判決アリタルニ依リ名簿無效トナリタルトキハ九月十五日ノ現在ニ依リ更ニ名簿ヲ調製スヘシ但シ名簿調製ノ期日マテニ選擧權ヲ失ヒタル者ハ名簿ニ登錄スル限ニアラス

天災事變等ノ爲メ必要アルトキハ更ニ選擧人名簿ヲ調製シ又ハ之ヲ縱覽ニ供スヘシ

前二項ノ名簿調製ノ期日縱覽修正及確定ニ關スル期限等ハ府縣知事ノ定ムル所ニ依ル

府縣郡市町村ノ廢置分合境界變更ノ場合ニ於ケル名簿ノ分合ニ關シテハ命令ヲ以テ之ヲ定ム

（說明）本條は文法錯雜なりと雖も要するに選擧人名簿確定の手續に關する規定をなしたるものにして格別疑を挿むの點なきも一言之れか說明を付すれば一項は郡市長は選擧人名簿を關係者の縱覽に供し以て其人名を知らしめ若し關係者に於て異議あれは縱覽期限內に郡市長に申立つることを得せしめ其申立ありたるときは郡市長は十日以內にその決定を下だすべきものとなしたるなり二項は一項の郡市長の決定に對し不服あれは府縣參事會に訴願し其府縣參事會の裁決に不服あれは結局行政裁判所の裁判を求むることを得ることゝし

三項　は自治體の機關たる府縣參事會の裁決に關して中央行政の職務を帶ふる府縣知事、亦其決定を受けたる郡市長にして不服あれは各行政裁判所に出訴することを得るものとなしたるなり
四項　は確定期限と据置期限を規定したるに過きす
五項　は郡市長に於て名簿を修正するの時を定めたるなり
六項　は名簿修正したる時の郡市長及ひ町村長のなすへき手續を定めたるなり
七項　は一項により確定名簿に登錄せられさる者は選擧に關係するものを得さるものとせり乍併選擧人名簿に記載せらるへき確定の裁決書若くは行政裁判所の判決書を所持して選擧の當日投票所に到りたる者は例外として選擧することを得るものとす
八項　は若し確定名簿に登錄せられある者と雖も選擧權のあらざるものは選擧に加はることを得ずとせり乍併確定名簿は其儘になし置くも差閊へなしとせり
九項　は名簿無效となりたるときの手續にしてかゝる場合は九月十五日の現在

に依り更に名簿を調製するなり乍併前項の場合とは異なり名簿調製の期日まてに選擧權を失ひたる者は名簿に登錄を爲さゞるなり

十項　は臨時選擧名簿の調製にして震害火災出水等にて名簿災害にかゝり又は破損したるときは更に之を調製し又は之を選擧人に縱覽に供することとせり

十一項　は名簿を調製する期日、縱覽、修正及確定に關する期限等は府縣知事に於て之れを定む可きものとなしたるなり

十二項　は分合に關しての命令にして府縣郡市町村の廢置分合境界變更等の變動ありたる場合には選擧人名簿の分合は命令を以て定むるものとす

第十三條　府縣會議員の選擧は府縣知事ノ告示ニ依リ之ヲ行フ其ノ告示ニハ選擧ヲ行フヘキ選擧區投票ヲ行フヘキ日時選擧スヘキ議員ノ員數ヲ記載シ選擧ノ日ヨリ少クトモ二十日間前ニ之ヲ發スヘシ

天災事變等ノ爲投票ヲ行フコトヲ得サルトキ又ハ更ニ投票ヲ行フノ必要アルトキハ府縣知事ハ當該選擧區又ハ投票區ニ付投票ヲ行フヘキ日時ヲ定メ少クトモ七日

前ニ之ヲ告示スヘシ

（説明）　本條は府縣會議員の選擧期日は何人か之れを定むへき乎を規定したるものにして府縣の事情を熟知せる知事に其期日を選はしめ其告示によりて選擧を行ふことゝなしたり其告示には選擧を行ふへき選擧區投票を行ふへき日付及選擧すへき議員の數を記載すへきものとなしたり其選擧區の記載を要するは府縣會議員は一郡一市より選擧すへきものなるにより何れの郡或は市の選擧なることを知らしめんが爲め又投票を行ふ可き日を記載せされは其選擧は幾日に行ふやを知る可からす又議員の員數を記載せさる可からさるは其選擧區の人口により員數一定せす補缺にても一人なるあり又は二人三人等なることある可きにより其員數を知らしめさる可からさるの必要あるによるなり又選擧の日より少くも二十日前に之を發す可きものとなしたるは選擧關係人等各多少の準備を要するを以てなり

本項は天災事變の爲に投票行ふ事を得す又は更に投票するの必要の起りたる場

合を規定したるものにして斯かる場合には府縣知事は其選擧區又は投票區に對し投票を行ふ可き日より少くとも七日前に知らしむ可しと規定したり

第十四條 府縣會議員ノ選擧ハ郡市長之ヲ管理ス

（說明）本條は府縣會議員の選擧は何人か管理す可きものなる乎を規定したるものにして其選擧區の郡市長之を管理す可きものとせり

第十五條 投票區ハ市町村ノ區域ニ依ル

特別ノ事情アル市町村ニ於テハ命令ノ定ムル所ニ依リ二箇以上ノ投票區ヲ設ケ又ハ數町村ノ區域ニ依リ一投票區ヲ設クルコトヲ得

投票所ハ市役所町村役場又ハ市町村長ノ指定シタル場所ニ之ヲ設ケ市町村長其ノ事務ヲ管理ス

投票所ハ市町村長ニ於テ投票ノ日ヨリ少クトモ五日前ニ之ヲ告示スヘシ

第二項ノ場合ニ於テ投票ニ關シ本法ヲ適用シ難キトキハ命令ヲ以テ特別ノ規定ヲ設クルコトヲ得

（説明）　第一項は投票區の區域を規定したるものにして投票區は市町村の區域に依り境界するものとなせり
第二項は特別の事情ある市町村の投票區を規定せるものにして特別とは投票人非常に多數にして混雜を極むるか又は其區域廣濶にして投票所一ヶ所にては不便なるか或は之と反對に投票人少數にして小區域のみ散在し區々に投票所を設くるの必要なきとは何れも定むる所の命令に依り二箇以上の投票所を設け又は數町村合併して一投票所を設くることをも得とせり
第三項は投票所及び其の事務管理者を規定したるものにして投票所は市役所町村役場又は市町村長の指定したる場所に於て設け市町村長其の事務を管理すべきものとせり
第四項は投票所は市町村長に於て投票の日より五日前に之を告示すべきものとなしたるは投票人に普ねく知らしめ其準備を爲さしめんかためなり
第五項は特別の事情ある場合の投票に關して管理者の規定其他の場合にて本法

を適用し難きときは村長に於て命令を以て特別の規定を設くるを得るものとす

第十六條　市町村長ハ臨時ニ其ノ管理スル投票區域内ニ於ケル選擧人中ヨリ投票立會人二名ヲ選任スヘシ

投票立會人ハ名譽職トス

（說明）本條は投票立會人に關する規定にして立會人は市町村長の職權を以て臨時に其の管理する投票區域内に於ける選擧人中より選任すべきものにして其之れを選任す可きものとなしたる所以は偏頗不公平の弊なからしめんか爲なり其員數は二名乃至四名にして名譽職となしたり

第十七條　選擧人ノ外投票所ニ入ルコトヲ得ス但シ投票所ノ事務ニ從事スル者投票所ヲ監視スル職權ヲ有スル者又ハ警察官吏ハ此ノ限リニアラス

投票所ニ於テ演說討論ヲ爲シ若ハ喧擾ニ涉リ投票ニ關シ協議若ハ勸誘ヲ爲シ其他投票所ノ秩序ヲ紊ス者アルトキハ投票管理者ハ之ヲ制止シ命ニ從ハルサトキハ之ヲ投票所外ニ退出セシムヘシ

前項ノ規定ニ依リ退出セシメラレタル者ハ最後ニ至リ投票ヲ爲スコトヲ得但シ投票管理所ノ秩序ヲ紊スノ虞レナシト認ムル場合ニ於テ投票ヲ爲サシムルヲ妨ケス

（説明）　選擧人の外投票所に入るを得さるものとなしたる所以は選擧人にあらざる者を猥りに入場せしめたるときは選擧場の秩序を紊すの虞れあるを以てなり但し投票所の事務に從事するもの投票を監視する職權を有する者は斯かる弊害なく且つ其投票所に必要缺く可からさるものなるを以て其限外となしたるは當然のことなり

選擧人の投票所に於て演説、協議又は勸誘等を爲すを得すとせるは黨派運動熱んにして自己の選擧せんとするものを投票せしめんとし演説を爲し又は選擧人の中にて相談を爲し又は其の適任者なるを以て是非選擧あれと勸誘する如き等投票所の秩序を紊すものは投票管理者は一應制止し尙命に從はさるときは職權を以て投票所外に退出せしむべく最も嚴格に規定せるものなり

第三項は退出せしめられたる選擧人の投票にして選擧は公明正大にして一票た

りとも苟にすへからさるは言を俟たす故に管理者の命により退出せしめられたる選擧人は最後に至つて投票を爲すことを得と規定せり然れども管理者に於て投票所の秩序を紊すの虞れなしと認めたるときは最後に至らすとも投票を爲さしむることを得と規定せり

第十八條　選擧ハ投票ニ依リ之ヲ行フ

投票ハ一人一票ニ限ル

選擧人ハ選擧ノ當日投票時間内ニ自ラ投票所ニ到リ選擧人名簿ノ對照ヲ經又ハ確定裁決書若ハ判決書ヲ提示シテ投票ヲ爲スヘシ

投票時間内ニ投票所ニ入リタル選擧人ハ其ノ時間ヲ過クルモ投票ヲ爲スコトヲ得

選擧人ハ投票所ニ於テ投票用紙ニ自ラ被選擧人一名ヲ記載シテ投函スヘシ

投票用紙ニハ選擧人ノ氏名ヲ記載スルコトヲ得ス

自ラ被選擧人ノ氏名ヲ書スルコト能ハサル者ハ投票ヲ爲スコトヲ得ス

投票用紙ハ府縣知事ノ定ムル所ニ依リ一定ノ式ヲ用ウヘシ選擧人名簿調製ノ後選

擧人其ノ投票區域外ニ住所ヲ移シタル場合ニ於テ仍選擧權ヲ有スルトキハ前住所地ノ投票所ニ於テ投票ヲ爲スヘシ

第三十二條第一項若ハ第三十六條ノ選擧又ハ補缺選擧ヲ同時ニ行フ場合ニ於テハ一ノ選擧ヲ以テ合併シテ之ヲ行フ

（説明）　本條は投票に關する規定なり

第一項は選擧の方法は投票に依る可きものとし第二項は投票は各選擧人一票に限るものとなし第三項は選擧は他人に托して差出すことを得ず必す自身、選擧の當日、投票の時間内に投票所に到る可きものとなしたる所以は代理を許すときは種々の弊害行はるゝの恐れあれはなり其選擧人名簿の對照を經又は確定裁決書若は判決書を提示すへきものとなしたるは有權者たるを知るの要と又投票は一人一票に限るものなるを以て其選擧人の數と投票の數と符合し居るか否かを知るの要あるを以てなり

第四項は投票の時間たとへは午前九時より四時迄とあれは四時迄に投票所に入

りたる時は四時を過くるとも投票を爲すことを得るか如し

第五項は投票は自書を爲すへくして代書せしむ可からす又投票は被選擧人一名の氏名を記載すへき(所謂單記)ことを定めたり故に其選擧區に於て三人若くは五人を選出すへき所にても各選擧人は一名つゝを記載すへきなり

第六項は投票には選擧人の氏名を記載することを得す所謂無記名選擧となしたり立法上より言ふときは記名にせよ無記名にせよ各一利一害は數の免れさる處大に攻究を要する問案なれ共本法は無記名は選擧人の氏名を表白せさるより情實に拘泥せす忌憚する所なくして自己の意思の如く公平の選擧行はるへしとの趣旨にて記名に比し遙に利多きものと認め投票には選擧人の氏名を記載することを得すとなしたるなり乍併法は死物なり是を活用するは人にあり制度は如何に完全なるも運用者其人を得されは美果を奏すること能はす本條記名の利弊如何の如きも是れを制度の適否に望まんよりは寧ろ運用者たる選擧人の德義節操に徵す可きなり

第七項は被選擧人の氏名を書すること能はさる者は投票を爲すことを得す普通教育未た普からすして時勢未た盛運に至らさりしより從來は氏名を書する能はさるものと雖も代書によりて投票をなすことを許したりと雖も時勢益進歩するに從ひ普通教育漸次普及せる今日に至りては氏名をも書すること能はさるもの殆んと稀なると姓名すら自書すること能はさる程の無學文盲の輩は概ね此重要なる參政權を行はしむる如き智辯も亦隨て乏しきものなるを以て改正法は斷然氏名を書すること能はさる者は選擧權を行ふことを得ざるものとなしたるなり

第八項は投票用紙は府縣知事の定むる所に依り一定の式を用ゆることとなしたるは其調査整理等の便宜を圖りたるなり

第九項は選擧人名簿調製後選擧人移轉したる場合の規定にして選擧人は選擧人名簿調製後ち毎年九月十五日より十月十五日迄に選擧人名簿を當該行政廳にて調製するに依り十月十五日後選擧期日迄に投票區域外に移轉したるときは前住

所地の投票所にて投票を爲すへしそは前住所地の行政廳に選擧權を有すれはなり

第十項は議員の當選を辭したる場合若は當選無效選擧無效又は補缺選擧等同時に行ふ場合にして斯かる場合には繁雜を避くるため一つの選擧となし合併して行ふことゝしたり

第十九條 投票ノ拒否ハ投票立會人之ヲ議決ス可否同數ナルトキハ市町村長之ヲ決スヘシ

（說明） 本條は投票の拒否に關する規定にして其之れを拒むと拒まさるとは投票立會人に於て決定す可く立會人可否同數なる場合は市町村長之か決斷をなす可きものとす

第二十條 市町村長ハ投票錄ヲ製シ投票ニ關スル顚末ヲ記載シ投票立會人ト共ニ之ニ署名スヘシ

（說明） 本條は投票錄調製に關することを定めたるものにして投票所の事務管

理者たる市町村長は投票錄を調製して其投票に關する始末を記載して事故を明瞭ならしめ立會人と共に署名す可きものとせり

第二十一條　投票ヲ終リタルトキハ町村長ハ其指定シタル役票立會人ト共ニ直ニ投票函及投票錄ヲ選擧會場ニ送致スヘシ

（說明）　本條投票を終はりたるときは直に投票函及投票錄を選擧會場に送致す可きものとしたるは選擧會は二十二條に規定したる如く郡市役所には郡市長の規定したる場所に於て之を開く可きものなるを以てなり

第二十二條　島嶼其他ノ交通不便ノ地ニ對シテハ府縣知事ハ適宜ニ其ノ投票期日ヲ定メ選擧會ノ期間マテニ其ノ投票函ヲ送致セシムルコトヲ得

（說明）　本條は島嶼其他僻陬の地にて交通不便なる地は投票函送致に日數を要し同期日にては開票を同一ならしむこと能はさるの不都合を生するより府縣知事其交通の便否を斟酌し適宜の投票期日を定め選擧會の期間までに其の投選函を送致せしむることを得るものとなしたるなり

第二十三條 選擧會ハ郡役所市役所又ハ郡市長ノ指定シタル場所於テ之ヲ開クヘシ

前項選擧會ノ場所ハ郡市長豫メ之ヲ告示スヘシ

（說明） 本條は選擧會場に關する規定にして其場所は郡市役所又は郡市長の指定したる場所に於て開く可きものとせり選擧會の場所は郡市長豫め之を告示す可きものとなしたるは選擧關係人一般に何れの所なるやを知らしめんか爲なり

第二十四條 郡長ハ各投票所ヨリ參會シタル投票立會人ノ中ヨリ抽籤ヲ以テ選擧立會人二名乃至六名ヲ定ムヘシ

市長ハ選擧人中ヨリ選擧立會人二名乃至六名ヲ選任スヘシ

選擧立會人ハ名譽職トス

（說明） 既に述たる如く投票立會人は市町村長の選任す可きものなるも選擧立會人は郡の選擧は郡長に於て各投票所より參會したる投票立會人の中より抽籤を以て二名乃至六名を定む可きものとして市に在ては市長に於て選擧人中より

選擧立會人二名乃至六名を選任す可きものとなしたり其郡と市とに於て一は抽籤一は選任となしたるものは郡部は數多の投票所に於て其事務管理者たる町村長より選任せる投票立會人中より定むるものなるに之に反し市部は唯一の投票所にて其事務管理せる市長は投票立會人と同しく選擧人中より定むるものなるによる然して其立會人は何れも名譽職とせり

第二十五條 郡市長ハ選擧長ト爲リ郡ニ於テハ投票函ノ總テ到達シタル翌日市ニ於テハ投票ノ翌日選擧立會人立會ノ上投票函ヲ開キ投票ノ總數ト投票人ノ總數トヲ計算スヘシ若投票ト投票人トノ總數ニ差異ヲ生シタルトキハ其ノ由ヲ選擧錄ニ記載スヘシ但シ場合ニ依リ選擧會ハ郡ニ於テハ投票函到達ノ日市ニ於テハ投票ノ日之ヲ開クコトヲ得

前項ノ計算終リタルトキハ選擧長ハ選擧立會人ト共ニ選擧ヲ點檢スヘシ

（說明） 本條は開票の手續を規定したるものなり

郡に於ては郡長市に於ては市長は選擧長となり郡部は投票函總て到達したる翌

日市に於ては投票の翌日選擧立會人立會の上投票函を開く可きものとせり是れ開票は投票の總て集まりたる上ならされは不可なり然して距離の隔絶せる町村島嶼投票所より送致し來るものなるにより豫め幾日の後と定め難きにより投票函の總て到達したる翌日となし市は特別の事情ある場合の外一箇所にして亦二箇以上を設けたるときと雖とも少距離にして且交通頗便なるを以て其日に選擧會場に送致し難き等の場合あらさるにより市は投票の翌日となしたるなり
然して投票の總數と投票人の總數とを計算して符合せるや否やを檢す可く若し投票と選擧人との總數に差異を生したるときは如何なる事柄より其違ひを生せしやを選擧錄に記載し後日の證明に供す可きなり
上述の如く開票の日を郡は投票到着の翌日市は投票の翌日開票す可きものとなせりと雖とも場合に依ては（例へは投票の數極めて少なきか或は郡に在ては到着の時刻早かりしか又は開票を一日も速かなるを要する事情存する等）選擧會は郡に於ては投票函到着の日市に於ては投票の日直に之を開くことを得るもの

とせり

然して投票の總數と投票人の總數との計算終はりたるときは選擧長は選擧立會人と共に投票の調査を遂く可きなり

第二十六條　選擧人ハ其ノ選擧會ニ參觀ヲ求ムルコトヲ得

（說明）選擧會は素より秘密的のものにあらさるにより選擧人たるものは其選擧會に參觀を求むることを得るものとなしたるなり

第二十七條　左ノ投票ハ之ヲ無効トス

一　成規ノ用紙ヲ用ヰサルモノ

二　一投票中二人以上ノ被選擧人ヲ記載シタルモノ

三　被選擧人ノ何人タルヤヲ確認シ難キモノ

四　被選擧權ナキ者ノ氏名ヲ記載シタルモノ

五　被選擧人ノ氏名ノ外他事ヲ記入シタルモノ但シ爵位職業身分住所又ハ敬稱ノ類ヲ記入シタルモノハ此ノ限ニ在ラス

六　現ニ府縣會議員ノ職ニ在ル者ノ氏名ヲ記載シタルモノ

（說明）　本條は無効投票を定めたり如何なる投票か無効となるかと言ふに左の六種なりとす

一　成規の用紙を用ゐさるもの

第十八條に於て述たる如く投票用紙は府縣知事の定めたる一定の式に依りたるものを用ゆへきことゝなせるに拘はらす各勝手の用紙を用ゐたるも有効なりとするときは其方式は徒法に屬するに至るを以て成規の用紙を用ゐさるものは其投票は無効たる可きものとなしたるなり

二　投票中二人以上の被選擧人を記載したるもの

第十八條に陳述したる如く投票は一人一票に限る可きことゝなしたるに二人以上の被選擧人を記載するときは一人にて數人の選擧權を行ふか如き結果を生し不公平たるや論を俟たす故に此の如き投票は無効のものとせり

三　被選擧人の何人たるを確認し難きもの

是れは被選擧人の中にて同姓名のありし時等何れの被選擧人を選擧したるか知れさるとき又は單に姓若くは名のみを書きたる如き場合等其何人たるやを確かに認むる能はさる場合に無効とす可きを云ふなり

四　被選擧權なき者の氏名を記載したるもの

何等の權利を有せさるもの又た選擧資格のみを有するものは被選擧人たるを得さるは勿論にして又實質は被選資格を有するも第六條に於て叙述したる職務により被選擧權を有せさるものあり是亦被選人たることを得さるものなるより是等被選擧權なき者の氏名を記載し投票することあるも無効に歸せさるを得さるは當然のことなりとす

五　被選擧人の氏名の外他事を記入したるもの但し爵位職業身分住所又は敬稱の類を記入なしたるものは此限りに在らす

他事を記入するとは氏名の外種々の事を記入し或は罵詈讒謗若くは誹毀脅迫に關することを記入する等選擧權を濫用し害用をなす如き投票は之を無効のもの

とす乍併被選人の氏名を誤まらさる爲にする爵位職業身分住所又は敬稱の類を記入したるものは事に害なきを以て有効のものとするなり

六　現在府縣會議員の職にある人の氏名を記載したるもの即ち選擧の時現職にある人を投票するも効力あるものとすれば自黨出身の議員のみを選出するようにし何等改選の効力なければばなり

第二十八條　投票ノ効力ハ選擧立會人之ヲ議決ス可否同數ナナルトキハ選擧長之ヲ決スヘシ

（說明）本條は投票の効力は何人か決す可きものなるやを定めたるものにして其有効なるや將た無効なるやは第二十四條に規定せし立會人多數の意見により之を決す可きものとせり併乍其意見同數なる場合は如何共決すること能はさるを以て郡市長たる選擧長か之れか決斷を下す可きものとせり

第二十九條　府縣會議員ノ選擧ハ有効投票ノ最多數ヲ得タル者ヲ以テ當選者トス但シ其ノ選擧區ニ配當セラレタル議員定數ヲ以テ選擧人名簿ニ登錄セラレタル人員

數ヲ除シテ得タル數ノ七分ノ一以上ノ得票アルコトヲ要ス

當選者ヲ定ムルニ當リ得票ノ數同シキトキハ年長者ヲ取リ年齡同シキトキハ選擧長抽籤シテ之ヲ定ム

（說明）本條は當選者を定むるの方法を規定したるものにして有效投票の最多數を得たる者を當選者となしたるは至當のことなりとす但し本法第五條に依りて各當選區の人口に比例して配當せられたる議員定數即ち甲區にては二人乙區にては三人の如く規定せられたる數を以て其區域の選擧人名簿に登錄せられたる人員數を除し得たる數の七分の一以上の得票あるを要す乙は選擧人中棄權者及無効投票等多數ありたる場合の標準として規定したるものなり

又當選者を決定するには得票の數同數なるときは年長者を取ることゝなしたるも同年齡なるときは出生の日時に相違あるとも選擧長抽籤して其當選を定むることゝしたり

第三十條 選擧長ハ選擧錄ヲ製シテ選擧ノ顚末ヲ記載シ選擧ヲ終リタル後之レヲ朗

讀シ選擧立會人二名以上ト共ニ之ニ署名シ投票選擧人名簿其ノ他關係書類ト共ニ選擧及當選の効力確定スルニ至ルマテ之ヲ保存スヘシ

（說明） 本條は選擧錄に關することを規定したり選擧長たるものは其選擧に關する選擧錄を調製せさる可からす選擧錄には選擧の顚末則ち選擧を行ひたる場所日付選擧す可き議員の數選選人の數當選者の姓名得點數其他諸般の出來事等を記載して選擧を終たる後之を朗讀し選擧立會人二人以上と共に署名し投票及ひ選擧人名簿其他關係書類と共に選擧及當選の効力確定するに至るまて證明の材料として保存し置く可きものとす

第三十一條 選擧ヲ終リタルトキハ選擧長ハ直ニ當選者ニ當選ノ旨ヲ告知シ同時ニ選擧錄ノ寫ヲ添ヘ當選者ノ住所氏名ヲ府縣知事ニ報告スヘシ

當選者當選ノ告知ヲ受ケタルトキハ十日以内ニ其ノ當選ヲ承諾スルヤ否ヲ府縣知事ニ申立ツヘシ

一人ニシテ數選擧區ノ選擧ニ當リタルトキハ最終ニ當選ノ告知ヲ受ケタル日ヨリ

十日以内ニ何レノ選擧ニ應スヘキカヲ府縣知事ニ申立ツヘシ
前二項ノ申立ヲ其ノ期限内ニ爲ササルトキハ當選ヲ辭シタルモノト看做ス第六條第七項ノ官吏ニシテ當選シタル者ニ關シテハ本條ニ定ムル期間ヲ二十日以内トス
（說明） 第一項は選擧會結了を告けたるときは選擧長は直に當選者に當選の旨を告知し同時に選擧錄の寫を添付し當選者の住所氏名を府縣知事に報告す可きものとす其府縣知事に報告すへきものとなしたるは知事は當選人に證書を付與し或は府縣に告示する材料に供する爲なり
第二項 當選者當選の告知を受けたるときは十日以内に其諾否を府縣知事に申出つ可きものとせり議員は公共の利害を審議する重任を帶ふるものなれは宜しく熟考して去就を決せさるべからす故に十日の餘裕を與へたるなり十日以内の日限は當選者の手より差出す日數なり府縣知事の手に達する日數にあらす若し然らされは遠隔なる選擧區の當選者と近接選擧區の當選者との間に熟考時間に長短の差を生し不公平なるを以なてり

第三項　選擧は郡市に於て行ふも被選の能力は公民權を有する市郡内のみに制限せらるゝものにあらす第六條に規定したる被選擧權を有するものは其府縣内何れの地にても選擧せらるゝの能力を有す故に一人にして數選擧區の選擧に當りたるときは何れの選擧に應するやは當選人の隨意なりと雖も數箇所を兼任するか如きことを許さゞるは勿論なり故に最終の當選告知を受けたる日より十日以内に何れの選擧に應す可きかを府縣知事に申立つへきものとせり
第四項　前二項に於て述たる申立を其期間内に爲さゝるときは總て當選を辭したるものと看做さるゝものとせり其期限内屆出を怠たりとて全部を辭するものと看做すは少しく目斷なるか如きも其申出を怠る如きは府縣の利害を思ふの念薄きに由るか或は公然辭するを忌む等に出て決して目斷にあらさるなり
第五項　第六條第七項の官吏にして當選したるものは其諾否の申立期間を特に延長して二十日となしたるは官吏は自己の自由意思にて決することを得す其所屬長官の許可を受けさるへからさる等同一に論す可からさるによる

第三十二條　府縣會議員ノ當選ヲ辭シタル者アルトキハ更ニ選擧ヲ行フヘシ
二人以上投票同數ニシテ年長ニ由テ當選シタル者其ノ當選ヲ辭シタルトキハ年少ニ由テ當選セサリシ者ヲ以テ當選トシ但シ年少ニ由テ當選セサリシ者二人以上アルトキハ年長者ヲ取リ年齡同シキトキハ選擧長抽籤シテ其ノ當選者ヲ定ム
二人以上投票同數ニシテ抽籤ニ依テ當選シタル者其ノ當選ヲ辭シタルトキハ抽籤ノ爲當選セサリシ者ヲ以テ當選トス但シ抽籤ノ爲當選セサリシ者二人以上アルトキハ選擧長抽籤シテ其ノ當選者ヲ定ム

（說明）　當選を定むるに高點者其當選を辭すれは順次に次點者を採用すると又高點者に限りて當選者となし次點者を採用せさるとの二方法あり前者は後者の精確なるに加かす故に第二十九條に於ても有効投票の多數を得たる者を以て當選とすへし高點者を限り當選と定めたるを以て其當選者當選を辭したるときは更に選擧を行ふものとなしたるなり然して前條には辭したるものと承諾の申立を爲さゞるものゝ二種ありて本項には承諾の申立を爲さゞるの文字なきも其の

申立をなさゞるものは辭したるものと看做さるゝものなるを以て本項に辭したりとある語中に包含せらる可きものとす

第二項　既に述へたる如く最高點者に限り當選者たる可きものとし次點者を採用せさりし所以は議員たる可きものは須らく輿望の歸屬せる人物を精選せさる可からすとの趣旨に外ならす已に同高點を得たるものは年齡に多少の差違ありと雖も少くも有權者たる年齡に達せるものは府縣の議員たるに充分の智識を具備せるものにして其年長と云ひ年少と云ふも同年に生まれ只月日少しく後るゝ場合あり或は才能あり尤も敏捷なる人物も已に老衰に傾き居る人か年長たるの故を以て當選者となる場合なきにあらす同高點を得同等の人望ある人なるも議員は數に限りて同しく當選者たるを得さるを以て法律は選擧終了の方法として年長者を以て當選者となしたるに過きさるものなるを以て其年長者にして辭職することあらんか他に同高點を得たる者あるに再ひ選擧を行ひ以て日子と費用を費すの必要なきなり故に本項を設けて其年少に由りて當選せさりし者を以て

當選とし二人以上同點同年齢なるときは抽籤して其當選者を定め更に選擧を行はさることゝなしたるなり

第三項　同點同年者にして抽籤に依り當選したる者其當選を辭したる場合は其抽籤に敗を取りたる者を當選とし抽籤三人以上ありて當選せさりし者二人以上あるときは選擧長抽籤して其當選を定むることゝなしたるは當然の順序なりとす

第三十三條　當選者其ノ當選ヲ承諾シタルトキハ府縣知事ハ直ニ當選證書ヲ付與シ及其ノ住所ヲ告示スヘシ

（説明）　本條は當選者其當選承諾の申出をなしたるときは府縣知事は直に本人に對し當選證書を付與し其代表者の何人なるを知らしむる爲め住所氏名を告示す可きものとなしたるなり

第三十四條　選擧人若ハ當選ノ効力ニ關シ異議アルトキハ選擧ニ關シテハ選擧ノ日ヨリ當選ニ關シテハ前條告示ノ日ヨリ十四日以内ニ之ヲ府縣知事ニ申立ツルコト

ヲ得

前項ノ異議ハ之ヲ府縣參事會ノ決定ニ付スヘシ

府縣知事ニ於テ選擧若ハ當選ノ効力ニ關シ異議アルトキハ第一項申立ノ有無ニ拘ラス選擧ニ關シテハ第三十一條第一項ノ報告ヲ受ケタル日ヨリ當選ニ關シテハ同條第二項又ハ第三項ノ中立アリタル日ヨリ三十日以內ニ府縣參事會ノ決定ニ付スルコトヲ得

前二項ノ場合ニ於テハ府縣參事會ハ其ノ送附ヲ受ケタル日ヨリ十四日以內ニ之ヲ決定スヘシ

本條府縣參事會ノ決定ニ不服アル者ハ行政裁判所ニ出訴スルコトヲ得

前項ノ決定ニ關シテハ府縣知事郡市長ヨリモ亦訴訟ヲ提起スルコトヲ得

（說明）第一項選擧若しくは當選の効力に關しては被選人の資格誤謬あり又は其投票無効のものあり又は選擧手續に違法のことありと信するか如きを言ひ此の如き場合に當り異議を爲さんとするときは選擧の場合には選擧の日より當選

に關しては被選擧人當選承諾したる旨告示ありたる日より十四日以內に之を府縣知事に申出つることを得可きものとなしたるなり

第二項　選擧若しくは當選の効力に關する異議は府縣知事は之を府縣參事會の決定に付す可きものとせり

第三項　府縣知事に於て選擧若くは當選の効力に異議あるときは選擧人の申立の有無に關せす選擧に關しては選擧長の選擧を終はりて當選者の報告を受けたる日より當選に關しては當選者諾否の申立ありたる日より又は一人にて數箇所の選擧區に當選したる場合何れかに決定したる申立ありたる日より三十日以內に府縣參事會の決定に付することを得るものとす

第四項　選擧若くは當選に關して選擧人若しく府縣知事にて異議の申立ありたるときは府縣參事會は其送附を受けたる日より十四日以內に之を決定すべしとなせり

第五項　選擧若くは當選の効力に關する異議の申立は府縣參事會の決定に付す

可く然して其府縣參事會の決定に不服ある者は行政裁判所に行政訴訟を提起することを得るものとせり

第六項　府縣參事官の決定に關しては其府縣知事關係の郡市長よりも亦行政訴訟を提起することを得るものとなしたり

第三十五條　選擧ノ規定ニ違反スルコトアルトキハ選擧ノ結果ニ異動ヲ生スルノ虞アル場合ニ限リ其ノ選擧ノ全部又ハ一部ヲ無効トス

當選者ニシテ被選擧權ヲ有セサルトキハ其ノ當選ヲ無効トス

（說明）　選擧に關したる規定則ち投票は自身にて出頭自署す可く亦投票には立會人を要し其無効投票の如何等其他旣に陳述せる法則に背きたることあるとき又は其の選擧の結果に異動を生じたる場合例へば最高點者は千票を得次點者は八百票なりし場合に最高者の投票中多大の無効投票を發見せる等の場合の如き結果に影響を及ほしたるときは其投票の一部分又は全部を無効とすると規定したるなり

當選者たるものか被選資格の要件を有せさるときは其當選を無効とするは素より當然のことなりとす

第三十六條　選擧若ハ當選無効ト確定シタルトキハ更ニ選擧ヲ行ヘシフ但シ得票數ノ査定ニ錯誤アリタル爲又ハ選擧ノ際被選擧權ヲ有セサル爲選擧無効ト確定シタルトキハ第二十九條及第三十一條ノ例ニ依ル

議員ノ定數ニ足ル當選者ヲ得ルコト能ハサルトキハ其ノ不足ノ員數ニ付更ニ選擧ヲ行フヘシ此ノ場合ニ於テハ第二十九條第一項但書ノ規定ヲ適用セス

（說明）　選擧若くは當選にして前條により無効なりと確定したるときは更に選擧を行はさる可からす乍併其無効となりし原由は得票數の計算方に誤まりありたる爲なるか又は選擧の際被選擧權を有せさる爲めに當選無効と確定したるものなるときは已に述へ來りたる第二十九條及第三十一條の例に準據す可きものとす

配當せられたる義員數丈け當選者を得ること能はさるときは更に其の不足議員

數丈けの選擧を行ふこととせり此選擧にては第二十九條第一項但し書きの規定には準據せさることとせり

第三十七條 府縣會議員ニシテ被選擧權ヲ有セサル者ハ其ノ職ヲ失フ禁錮以上ノ刑ノ宣告ヲ受ケタル者ヲ除ク外其ノ被選擧權ノ有無ニ關スル異議ハ府縣參事會之ヲ決定ス

府縣會ニ於テ其ノ議員中被選擧權ヲ有セサル者アリト認ムルトキハ之ヲ府縣知事ニ通知スヘシ議員ハ自己ノ資格ニ關スル會議ニ於テ辯明スルコトヲ得ルモ其ノ議決ニ加ハルコトヲ得ス

府縣知事ハ前項ノ通知ヲ受ケタルトキハ之ヲ府縣參事會ノ決定ニ付スヘシ府縣知事ニ於テ被選擧權ヲ有セサル者アルト認ムルトキ亦同シ

第三十四條第四項ノ規定ハ前項ノ場合ニ之ヲ準用ス

本條府縣參事會ノ決定ニ不服アル者ハ行政裁判所ニ出訴スルコトヲ得

前項ノ決定ニ關シテハ府縣知事ヨリモ亦訴訟ヲ提起スルコトヲ得

府縣會議員ハ其ノ被選擧權ヲ有セストスル決定確定シ又ハ判決アルマテハ會議ニ列席シ及發言スルノ權ヲ失ハス

（說明）　府縣會議員にして被選擧權を有せさる者例へは議員たるもの其府縣內に於て直接國稅十圓以下なるか又は第六條に揭けたる被選擧權を有せさる議員となりたる如き選擧資格を有せさる者は其の職を失はさるは當然の結果にして又禁錮以上の刑の宣告を受けたる者を除きたる外其選擧權の有無に關する異議は府縣參事會之れを決定するなり

二項　府縣會に於て其の議員中第六條の被選擧權の資格に欠くる所ありと認むる者あるときは府縣知事に通知す可きものとなせるは府縣會は資格審査の一部分の權限を與へられたれとも裁定權は府縣會に屬せす府縣參事會に屬するによる但し議員は自己の資格を審議する會議に於て辨解することを得るも其議決は避けて其數に加はることを得さる所以は公正を保せんか爲めなりとす

三項　府縣知事は府縣會より被選擧權を有せさる議員ありとの通知を受けたる

ときは之れを府縣參事會の決定に付す可きなり然して府縣知事に於て被選擧權を有せさる者ありと認むるときも亦同しく府縣參事會の決定に付す可きものとす

四項　府縣知事より府縣參事會に被選擧權を有せさる議員ありと通知したるとき又は府縣知事にて被選擧權を有せさるものありと認めたるときの通知したるとき等は府縣參事會にては通知を受けたる日より第三十四條第四項の規定の如く十四日以内に之を決定することとせり

五項　府縣參事會の資格決定に對し不服あるものは行政裁判所に行政訴訟を提起することを得るなり

五項　四項の決定不當なりと認むるときは府縣知事よりも亦行政訴訟を起すことを得るものとす

七項　府縣會議員は其の被選擧權を有せすとする府縣參事會の決定確定するか又は行政裁判所の判決下たるまては會議に列席し及ひ發言することを得るもの

とせり是れ府縣會議員は一面より見れは公の義務なれとも亦一方より觀察すれは公權利なり今本條資格の有無に付き爭ひ起りしとき結局無資格のものなれは之れをして會議に列席せしむるは當を得たるものにあらされとも未た何れとも確定せす府縣參事會に於て無資格者と決定するも行政裁判所に於て訴訟の結果有資格に決するやも亦知るへからす然るに一たひ爭ひ起りたりとて結局有資格なるものを直に議席に列するを得さるものとするは議席に空位を生し亦議員の權利を害するものと言はさるへからす立法者双方を慮はかり本條の如くなすを以て優れりとなしたるなり蓋し其宜しきを得たるものとなりとす

第三十八條　本款ニ規定スル異議ノ決定及訴願ノ裁決ハ其ノ決定書若ハ裁決書ヲ交付シタルトキ直ニ之ヲ告示スヘシ

（說明）　本條は異議の決定及訴願の裁決の結果を告示す可きことを定めたるものにして本款に規定したる選擧若くは當選の効力に關し又は議員の資格に關する異議の決定及ひ訴願の裁決は其決定書若くは裁決書の交付したるとき直ちに

之れを告示す可きものとなしたり

第三十九條 第四條第二項但書ノ市ニ於テハ市長トアルハ區長又市トアルハ區、市役所トアルハ區役所ト看做シ本款ノ規定ヲ準用ス

町村組合ニシテ町村ノ事務ノ全部又ハ役場事務ヲ共同處理スルモノハ之ヲ一町村其ノ組合ノ管理者ハ之ヲ町村長ト看做シ本款ノ規定ヲ準用ス

（説明） 第四條第二項の但書の市則ち東京市京都市大阪市其他勅令を以て指定したる市に於ては本法に市長とある所は町長又市とある所は區市役所とある所は區役所と看做し本款の規定を準用す可きものとす

町村制によれは町村の事務を共同處分する爲め其協議に依り監督官廳の許可を得て町村の組合を設くることを得又事宜により郡參事會の議決を以て數町村の組合を設けしむることあり（町村制第百十六條第百十七條參照）其町村組合にして町村の事務の全部又は其の役場の事務を共同處理するものは之れを一町村と又其の町村組合の管理者は當然之を町村長の職務と看做し本欵の規定を準用

することゝなしたるなり

第四十條　府縣會議員ニ付テハ衆議院選擧ニ關スル罰則ヲ準用ス

（說明）本條は府縣會議員の選擧に關する處罰法は衆議院選擧に關する罰則を準用す可きことを規定したるに過ぎす

第二款　職務權限及處務規程

（說明）第一款に於ては府縣會の組織及其選擧の手續に關する規定をなし本款に於ては其職務權限即ち職權の範圍及其職務を處理する規定をなしたるなり府縣會の權限に就ては多言を要せす其の外部の權限としては府縣制に列記せられたる事件及法律命令に依り權限に屬する事件を議決す其他官廳の諮問に對して意見を陳述し府縣の全部又は一部の公益に關する事件に付き府縣知事又は內務大臣に建議し又便宜に從ひて其の權限に屬する事件を府縣參事會に委任するを得其詳細は各條の下に於て說明すへし

第四十一條　府縣會ノ議決スヘキ事件左ノ如シ

一　歳入出豫算ヲ定ムル事
二　決算報告ニ關スル事
三　法律命令ニ定ムルモノヲ除ク外使用料手數料府縣税及夫役現品ノ賦課徴收ニ關スル事
四　不動産ノ處分並買受讓受ニ關スル事
五　積立金穀等ノ設置及處分ニ關スル事
六　歳入出豫算ヲ以テ定ムルモノヲ除ク外新ニ義務ノ負擔ヲ爲シ及權利ノ抛棄ヲ爲ス事
七　財産及營造物ノ管理方法ヲ定ムル事但シ法律命令中別段ノ規定アルモノハ此ノ限ニ在ラス
八　其ノ他法律命令ニ依リ府縣會ノ權限ニ屬スル事項

（説明）　本條は府縣會の議決す可き事件則ち其權限を規定したるものなり其議決すへき事件は之れを議決すべき權利あると同時に又其義務あるものなり以下

各事件に就て說明せんに

一　歲入出豫算を定むる事

豫算は府縣の收支の豫定にして其府縣に於ける一年度內の費額を見積り以て其收入方法を議定するなり蓋し豫算は自治體自己の經濟にして經濟は自治體の事務中其の主要なるものに屬す府縣會の權限中豫算議定權は實に第一に位するものなれは極めて愼重に苟くも粗漏なからんことを期せさるへからす

二　決算報告に關する事

決算報告に關する事たる豫算議定權に伴なひ均しく重要の事項なり前に述へたる如く其歲入出豫算を議定するも豫算は見積りに過きさるを以て必すしも實蹟と一致す可からす故に理事者より其決算報告を受け果して其の豫定の費目に供したるか或は浪費なきや費用流用の規定に違背せさるや等議會の決を犯したる事なきや等を檢案するなり故に此權利は豫算議定權と相對し共に重要の事柄たり若し豫算を議するの權利ありて決算を審査するの權利なくんは

議會は徒に空權を擁するのみにして理事者果して議會の決議に遵由したるや否やを監査すること能はされはなり

三　法律命令に定むるものを除く外使用料手數料府縣稅及夫役現品の賦課徵收に關する事

法律命令を以て定めたるものは其法律命令に準據す可きは勿論のことなれとも其以外の使用料則ち府縣の土地物件を其の專用者より徵收すること手數料則ち府縣の機關に依りて特別に利益を得たる私人に對し府縣自ら其勤務執行の費用の一分を指定して徵收すること府縣稅の賦課法例へは地租に幾何戶數に幾何と定むる如き及府縣は事宜により租稅に換ゆるに或は地方に夫役を以てし又は現品を賦課することを得るを以て是等賦課徵收に關する方法を議定するなり

四　不動產の處分並買受讓受に關する事

不動產（不動產の種類は民法の規定に依る）の處分則ち賣買讓渡又は他の物件

と交換し或は質入書入する等竝買受け讓受に關する事は府縣會の議決を經て處置すへきなり然して本項に不動產と書し動產を揭けさるは不動產は通常高價のもの多く其處分如何により利害關係少々ならされとも動產は概して重大のものなきと動產の轉展は甚た煩雜にして一々之れを府縣會に於て審議せんか些少のものに對し時日と費用を要し其機宜を得たるものにあらす且つ本條第七の規定により府縣會は其管理方法を定むるの權あるを以てなり

五　積立金穀等の設置及處分に關する事

府縣に如何なる趣旨にて幾何の金穀を積立つへきや然して其處置方法は如何にすへきや等の事柄は亦府縣に重大なる利害關係を生するものなるを以て其府縣會の討議決定を要するなり

六　歲入出豫算を以て定むるものを除く外新に義務の負擔を爲し及權利の拋棄を爲す事

府縣の收支は豫算の議定によるも亦豫算に編入し難きものあり又間々豫算に

依らすして特に之を行ふことあり本項は則ち豫算外の場合を規定したるものにして新に義務の負擔を爲すとは例へは府縣債募集の如き病院學校等に毎年補助を與ふるか如き豫算外の義務にして權利の拋棄をなすとは府縣立學校を廢し其校舍を私立の學校に下付する等の如き是なり是れ等特別の議に付するを云ふなり

七　財產及營造物の管理方法を定むる事但し法律命令中別段の規定あるものは此の限に在らす

財產及營造物(營造物とは學校病院橋梁水道瓦斯電燈の類)の營理方法を定むる事例へは不動產に在ては其利用の方法を定め營造物の維持方法は如何にす可きや動產に在ては其出納及保存の規定等逐一之れを規定することを得るなり乍併法律命令を以て特に規定せられたるものは其命令に準據す可きは勿論なりとす

八　其の他法律命令に依り府縣會の權限に屬する事項

以上の外法律命令勅令省令等を以て府縣會の議に附すへきことを定めたる事件は府縣會之を議決す可きなり則ち從來特別の法律命令に依り府縣會の議決に附せられたる事件は勿論從來法律命令を以て府縣會の議決に附せちるゝ事件あるときは總て此規定に依り府縣會の權限に屬するものとす

第四十二條　府縣會ハ其權限ニ屬スル事項ヲ府縣參事會ニ委任スルコトヲ得

（說明）前條に於て府縣會の議決すへき事件を規定し其權限內に屬するものは府縣會の議決を經へきものとなしたれとも府縣會も開會日數に限あるを以て其期限內に全體の議案を議了し難き場合若くは其議すへきこと重要ならさるを以て自ら之を議するの必要なしと認むる場合には其權限に屬する事柄を府縣參事會をして代て之を課せしむる便法を設けたるなり

第四十三條　府縣會ハ法律命令ニ依リ選擧ヲ行フヘシ

（說明）本條は府縣會は法律命令の指示する所に從ひ選擧を行ふへきことを規定したるなり則ち本制第四十七條の議長副議長第四十八條の假議長第六十六條

の名譽職參事會員の選擧等其他法律命令の規定する所に依りて選擧を行ふ可きものとす

第四十四條 府縣會ハ府縣ノ公益ニ關スル事件ニ付意見書ヲ府縣知事若ハ内務大臣ニ呈出スルコトヲ得

（說明） 府縣會は其府縣人民を代表し利害得失を審議する機關なれは苟も府縣の公利公益を增進し若くは損害すへき事柄に就ては其利益は進取の法を示し損害は之を防遏すとの策を立て其體の大小輕重により其信する所の意見書を知事若くは内務大臣に呈出することを得るは當さに然らさる可からさる所なり

第四十五條 府縣會ハ官廳ノ諮問アルトキハ意見ヲ答申スヘシ

府縣會ノ意見ヲ徵シテ處分ヲ爲スヘキ場合ニ於テ府縣會招集ニ應セス若ハ成立セス又ハ意見ヲ呈出セサルトキハ當該官廳ハ其ノ意見ヲ俟タスシテ直ニ處分ヲ爲スコトヲ得

（說明） 府縣會は官廳より府縣の利害得失便否等に就き輿論の傾向を知らんか

爲め諮問を受くることあるへし其諮問を受けたるときは能く利益を巧究し其信用する意見を答申すへきは代表者の本分なりとす

二項　府縣會の意見を徴し處分を爲すへき場合に當り府縣會招集に應せす若くは半數以上出席せす又は出席したるも意見を呈出せさるときは府縣會は其事柄を重要視せす或は冷淡に其本分を盡さゝるものなるを以て當該官廳は其の意見を俟つを要せす直に其事柄を處分することを得るなり若し此場合に於ても際限なく意見の呈出を俟たさるへからさるものとせんか府縣會の怠慢却て公益を損するに至る恐あるを以てなり

第四十六條　府縣會議員ハ選擧人ノ指示若ハ委囑ヲ受クヘカラス

（說明）　府縣會議員となるは選擧によると雖も議員となり府縣會に列するは府縣の機關たる可きものにして選擧人の代理者にあらす故に議員たるへきものは公平無私にして常に府縣の利益に注意せさる可からさるの責務あるものなるを以て其本分を盡さんには決して選擧人の指示若くは委屬を受けて其心を動かす

可からさるなり

第四十七條 府縣會ハ議員中ヨリ議長副議長各一名ヲ選擧スヘシ

議長副議長ノ任期ハ議員ノ任期ニ依ル

（說明） 本條は正副議長を選擧す可きことを定めたるものにして選擧により當選人確定し府縣會成るに及んては其討議を始むるの前に於て其議場を整理し其秩序を維持するものなかるへからす故に本條に於て議員中より議長副議長右一名を互選す可きことゝなしたるなり其副議長を選擧するは一人の議長を以て終始議場を整理せんと欲するも事故の爲め出會すること能はさる場合なきを保せさるを以て此の場合に支障なからしめんか爲め副議長を豫置す可きものとなしたるなり

二項 議長副議長は本と議員の互選したるものにして其の任期も議員と全く同一のものとす故に議長副議長は議員の任期に依り之を改選す可きものとなしたるなり

第四十八條　議長故障アルトキハ副議長之ニ代リ議長副議長共ニ故障アルトキハ臨時ニ議員中ヨリ假議長ヲ選擧スヘシ

前項假議長ノ選擧ニ付テハ年長ノ議員議長ノ職務ヲ代理ス年齡同シキトキハ抽籤ヲ以テ之ヲ定ム

（說明）　本條は議長故障の場合に關する規定にして議長故障あるときは副議長之に代はり議長副議長共に故障あるときは府縣會を休止するか如きは適當のことにあらさるを以て臨時に假議長を互選し議長副議長の故障中議長の職務に當らしむることゝせり故障とは病氣其の他の事故に依り議場に列し難き場合を指したるものなれは自說を述ふるか爲共に議長席を下りて臨時議長を設くるか如きは本條の精神にあらす

議長副議長共に故障ありて前項の如く假議長を選擧する場合には出席議員中の年長者を以て議長の職務の代理を務めしめ若し年齡同しき年長者の二人以上もあるときは抽籤にて之を決定す可きものとせり

第四十九條　府縣知事及其ノ委任者ハ囑託ヲ受ケタル官吏吏員ハ會議ニ列席シテ議事ニ參與スルトコヲ得但シ議決ニ加ハルコトヲ得ス

前項ノ列席者ニ於テ發言ヲ求ムルトキハ議長ハ直ニ之ヲ許スヘシ但シ之カ爲議員ノ演說ヲ中止セシムルコトヲ得ス

（說明）　府縣知事は府縣行政の主宰にして府縣會の議案は主として府縣知事の提出する所にかゝり其議決は府縣知事の實行すへき所なるを以て其提出者たり實行者たる府縣知事をして之れか辯明の任に當らしめ各議員の參考に供するは審議上最も必要の事なりとす故に開會中は理事者たる府縣知事か會議に出席して其意見を述ふることを得るものとせり亦可成知事の出席を望む可き所なるも知事は會議中と雖も種々の處理せさる可からさる事あり亦一身を以て百事細密の點に涉ること能はさるものなるを以て主務者に委任囑託を爲し辯明の任に當らしむるなり其主任若くは囑託を受けたる官吏吏員は會議に列席して議案の趣旨を說明し理事者の意見を陳述することを得乍併知事又は其代理人は元來理事

者にして議員にあらさるを以て議決の數に加はることを得さるは當然のことなりとす

二項　第一項に述べたる列席者も議場にありては議長の許可を受く可きは當然なるも發言を求むるときは議長は何時にても之を許す可きなり尤も議員の發言を中止せしむるの精神に在らす只直に其意見を陳述せしむ可しとの意に過きされは法文にも之か爲め議員の演説を中止せしむることを得すと規定せり

第五十條　府縣會ハ通常會及臨時會トス

通常會ハ毎年一回之ヲ開ク其ノ會期ハ三十日以內トス臨時會ノ必要アル場合ニ於テ其ノ事件ニ限リ之ヲ開ク其ノ會期ハ七日以內トス

臨時會ニ付スヘキ事件ハ豫メ之ヲ告示スヘシ但シ其ノ開會中急施ヲ要スル事件アルトキハ府縣知事ハ直ニ之ヲ會議ニ付スルコトヲ得

（說明）　本條は府縣會の種類及會期を規定したるものにして府縣會を通常會と臨時會の二種とせり

通常會を開くは一年一回に限り豫算は素より苟も府縣會の權限に屬する事柄は總て之れを審議するなり其會期を三十日以內となしたるは議事遷延の弊を防くと又議員に多くの日子を費さしむるは成る可く避けんとする趣旨に出て又從來の經驗に徵するも三十日を要すれは大概議了す可けれはなり

又臨時會は臨時の必要ある場合に於て其事件に限り之を討議することを得るものなり臨時會は通常會の如く每年一回に限る如き制限あらされは臨時會を開かさる可からさる必要あれは幾回にても開會することを得るものとす然して其會期を七日以內となしたるは臨時會の權限狹く其事件に限り其件數も亦數多あらさる可けれは七日以內にて充分なりと認めたるによる

通常會は上述の如く其全體の權限を審議するものなるを以て其事件は豫め告示を要す可きものにあらさるも臨時會は臨時必要の事件に限る可きものなるにより如何なる事件に付臨時會を開かるゝやを豫め告示をなす可きものとなしたるなり

乍併其の開會中急施を要する事件出來せるときは府縣知事は直に之れを其の臨時會に付することを得るものとせり是れ本則に依り難き急施の必要ある場合に處する便宜の方法を設けたるものなり

第五十一條 府縣會ハ府縣知事之ヲ招集ス

招集ハ此ノ日ヨリ少クトモ十四日前ニ告示スヘシ但シ急施ヲ要スル場合ハ此ノ限ニ在ラス

府縣會ハ府縣知事之ヲ開閉ス

（說明） 府縣會を招集するは府縣行政の主宰者たる知事之れをなす可きものとす

議員を招集するは開會の日より少くとも十四日以前に告示し其幾日より開會するやを知らしめ以て準備をなさしむるなり然れとも此日限を存する暇なき急施を要する場合は日限に拘束せらる可きものにあらす此例外は通常會には稀れなる可きも臨時會の場合には往々此必要を見るなるへし

府縣會の開閉は府縣知事之を行ふなり府縣會を招集するは知事の行ふものなるを以て其之を開閉する亦知事に於て之れを爲すは至當の順序なりとす知事之を開閉すと謂ふは開場又閉場の事をなすを謂ひ通常會臨時會の開閉は知事の隨意なりと謂ふの精神に在らさるなり

第五十二條 府縣會ハ議員定員ノ半數以上出席スルニ非サレハ會議ヲ開クコトヲ得ス

（說明） 凡そ會議を設くるの本旨は衆議の歸向する所に依て事を定めんとするに在り左れは其結果を重んせは出席議員の多數なるを要するは勿論のことなり少數議員を以て會議を開き議決せしむるときは眞正なる府縣代表者の議決と認むること能はさるものなり然れとも僅々の欠席員あるにより開會することを得さるも亦日子を徒消する等策の得たるものにあらす舊制には三分一以上とありたれとも本制は其少なきに失するを認め半數以上出席するにあらされは會議を開くことを得さるものとなしたるは蓋し相當の改正なりとす

第五十三條 協議會ノ議事ハ過半數ヲ以テ決ス可否同數ナルトキハ議長ノ決スル所ニ依ル

（説明）會議の採決法は比較多數、過半數又は三分の二以上の同意を要する等數種あり比較多數とは他の説に比較して多數なるを謂ひ過半數とは出席議員半數以上なるを云ひ三分の二の同意を要するは議題の重大なるものに對して定むることあり比較多數は稍輕易の法たるにより本法は鄭重の方法を採り過半數に依りて決することゝなせり其可否同數なるときは議長の決する所に依るは議長は甚だ重大の權利を有するが如きも其實議長なる議員の賛成に依ることなり然るに議長を以て過半數と言はずして可否同數なるときは議長の決する所に依ると云ふは議長は普通議決に加はらざるを以てなり

第五十四條 議長及議員ハ自己又ハ父母祖父母妻子孫兄弟姉妹ノ一身上ニ關スル事件ニ付テハ其ノ議事ニ參與スルコトヲ得ス但シ府縣會ノ同意ヲ得タルトキハ會議ニ出席シ發言スルコトヲ得

（說明）　議事は總て公正なるを要す然るに自己若くは本條に掲ぐる如き近親の身上に關する事件は私情に流れて往々感情を動かし公正の明斷を欠くの恐あり廉潔の士にして至公至平一點の私心を挿まざるも尙他人をして疑惑を生ぜしめ易きものなるを其の議事に付ては參與することを得ず但し府縣會の同意を得たるときは其議會に出席し發言權をも得議決に加はることを得るものとなしたり

第五十五條　法律命令ノ規定ニ依リ府縣會ニ於テ選擧ヲ行フトキハ本法中別段ノ規定アル場合ヲ除ク外一名毎ニ無記名投票ヲ爲シ有効投票ノ過半數ヲ得タル者ヲ以テ當選トス若過半數ヲ得タル者ナキトキハ最多數ヲ得タル者二名ヲ取リ之ニ就キ決選投票ヲ爲サシム其ノ二名ヲ取ルニ當リ同數者アルトキハ年長者ヲ取リ年齡同シキトキハ議長抽籤シテ之ヲ定ム此ノ決選投票ニ於テハ最多數ヲ得タル者ヲ以テ當選トス若シ同數ナルトキハ年長者ヲ取リ年齡同シキトキハ議長抽籤シテ之ヲ定ム前項ノ場合ニ於テハ第十八條及第二十七條ノ規定ヲ準用ス其ノ投票ノ効力ニ關シ異議アルトキハ府縣會之ヲ議決ス

第一項ノ選擧ニ付テハ府縣會ハ其ノ議決ヲ以テ指名推選ノ法ヲ用フルコトヲ得

（說明）　本條は府縣會に於ける選擧及當選者を定むるの方法を規定せるものなり

法律命令の規定に基づき府縣會に於て選擧を行ふときは本法中に於て別段の規定即ち指名推選等を設けある場合を除く外は一名毎に例へば議長副議長參事會員の選擧の如き各一名毎に無記名の投票を爲し有效投票をの過半數を得たる者を當選者とするなり然れども若し過半數を得たる者なきときは比較的多數を得たる者二名を採り其二名に就き決選投票を爲すなり然して其二名を取るに當り同點のものあれば年長者を取り年齡同じき者なれば議長抽籤して決選投票に當る可きものを定む此の決選投票の採決法は最多數を得たる者を以て當選者とす若し二名同數なりしときは年長者を當選とし年齡同じき者なるときは議長の抽籤によるものとす

二項　一項の選擧に就ては府縣會は其議決を以て投票の方法によらず指名推選

の方法により若くは一名毎になさすして連名の方法を用ゆるを得然して其の連名投票の法を用ふる場合は一項に述べたる例に依り當選者を定む可きものとなしたり

前項の如く選擧及當選者の採決法の數法は前已に述べたる處の第十八條及第二十七條の規定を準用し其の投票の方式無効投票等の異議あるときは府縣會に於て議決すべきものとせり

第一項の選擧に就ては府縣會は其の議決を以て投票の方法を用ゐず指名推選の方法を用ゐることを得となせり

第五十六條　府縣會ノ會議ハ公開ス但シ左ノ場合ハ此ノ限ニ在ラス

一　府縣知事ヨリ傍聽禁止ノ要求ヲ受ケタルトキ

二　議長若ハ議員三名以上ノ發議ニ依リ傍聽禁止ヲ可決シタルトキ

前項議長若ハ議員ノ發議ハ討論ヲ須ヒス其ノ可否ヲ決スヘシ

（說明）　府縣會の會議は府縣全般の利害を討議するものなれば之れを秘するの

必要なきのみならす之れを公にするときは議事の公平を示し信用を確實にし施政の實況を知らしむるの便益あるを以て之れを公開するものとせり乍併場合により議事公開の爲めに却て公益を害し又は種々の不都合を感ずることなしとせす故に斯ゝる場合は例外として秘密會議とすことを得るなり其場合如何と云ふに

一　府縣知事より傍聽禁止の要求を受けたるとき

二　議長若くは議員三名以上の發議に依り傍聽禁止を可決したるとき

是れなり然して議長若くは議員の傍聽禁止の發議を討論するときは遂に秘密を要する事柄を公言せさる可からさるに至り議員も亦辯論を憚る場合なきを保せざれば討論を須ひすして其可否を決定すべきものとなしたり

第五十七條　議長ハ會議ノ事ヲ總理シ會議ノ順序ヲ定メ其ノ日ノ會議ヲ開閉シ議場ノ秩序ヲ保持ス

議員定員ノ半數以上ヨリ請求アルトキハ議長ハ其ノ日ノ會議ヲ開クコトヲ要ス此

ノ場合ニ於テ議長仍會議ヲ開カサルトキハ第四十八條ノ例ニ依ル

前項議員ノ請求ニ依リ會議ヲ開キタルトキ又ハ議員中異議アルトキハ議長ハ會議ノ議決ニ依ルニ非サレハ其ノ日ノ會ヲ閉チ又ハ中止スルコトヲ得ス

（說明）本條は議長の職務を定めたり議長の職務如何と云ふに

第一　會議の事を總理すること

會議の事を總理すとは議員の發言を許可し議決を取り議事に付理事者の出席を求め議會に報告を爲し其他會議に關する一切の事を總理するを云ふ

第二　會議の順序を定むること

會議の順序とは議案に付き其何れを先に議し何れを後に議すべきやの順序を定むを言ふ

第三　其の日の會議を開閉すること

其の日の會議を開閉すとは議場に於て議事の開始を宣告し又閉鎖を宣告するは議長の職權たるを謂ふなり

第四　議場の秩序を保持すること

議場の秩序を保持するとは傍聽人の喧騷に渉り又は議員にして議場の秩序を紊るものあるときは之れを制止し命に從はざるものは退場を命じ場合によりては警察官吏の處分を求むる等總て議場内の警察權を行ふを謂ふなり

以上の如く議長の職權重大なれば其責任も亦隨て輕からざるものとす

第五項は議長の權能に制限を加へたるものにして從來府縣會に於ける議會の開閉權は一に議長の權限に在りし結果議長は自由の爲め時に或は出席議員の多寡に拘らず議會の開閉に就き專權を極め常に情弊著るしく時勢の進歩に伴はざるものあるより之れが權能に制限を加へ議員定數の半數以上よりあるときは議長は其の日の會議を開くべきものとせり此の場合に於て議長は自黨の爲め故障其他の爲め會議を開かざるときは第四十八條の規定により副議長之に代はり若し副議長も故障あるときは假議長を選擧し會議を開くことを得とせり

前項の議員半數以上よりの請求に依り會議を開きたる場合又は議員中異議を唱

ふものあるときは議長は會議の多數決の議決に依りて決定するに非らざれば其の日の會議を閉會し又は中止することを得ざるものとせり

第五十八條　府縣會議員ハ會議中無禮ノ語ヲ用ヒ又ハ他人ノ身上ニ涉リ言論スルコトヲ得ス

（說明）　議員の言論は自由ならざる可からす其府縣の利害得失を論するに當りては何事を論辯するも妨けなく議場に於て吐露したる言論に對して議場外に於て責を負ふことなきも無禮の言語を用うへからす言論の目的を應用し罵詈嘲弄の語を吐き他人の一身上に涉り誹毀する如きは德義を破り人道に戻るの所爲にして神聖なる議場豈此の如き敗德の所業を許す可けんや故に本條を設け斯かる輩に向て警戒を加へたるなり

第五十九條　會議中此ノ法律若ハ會議規則ニ違ヒ其ノ他議場ノ秩序ヲ紊ル議員アルトキハ議長ハ之ヲ制止シ若ハ發言ヲ取消サシメ命ニ從ハサルトキハ議長ハ當日ノ會議ヲ終ルマテ發言ヲ禁止シ又ハ議場ノ外ニ退去セシメ必要ナル場合ニ於テハ警

察官吏ノ處分ヲ求ムルコトヲ得
議場騷擾ニシテ整理シ難キトキハ議長ハ當日ノ會議ヲ中止シ又ハ之ヲ閉ツルコトヲ得
（說明）本條は第五十七條に規定したる議長の秩序保持の權より流出したるものにして會議中此の法律若くは本制六十四條に設けたる會議規則に違ひ其他苟も議員にして議場の秩序を紊るものあるときは議長は之を制止し若くは發言の取消を命し其命に從はさるときは當日の會議には發言を禁し又は議場外に退出を命し場合によりて其命に服せさるもに對し警察官吏の處分を求むることを得るものとせり
議場騷擾して整理し難きときは議長は當日の會議を中止し場合によりて閉鎖することを得るものとす
第六十條　傍聽人公然可否ヲ表シ又ハ喧騷ニ涉リ其ノ他會議ノ妨害ヲ爲ストキハ議長ハ之ヲ制止シ命ニ從ハサルトキハ之ヲ退場セシメ必要ナル場合ニ於テハ警察官

吏ノ處分ヲ求ムルコトヲ得

傍聽席騷擾ナルトキハ議長ハ總テノ傍聽人ヲ退場セシメ必要ナル場合ニ於テハ警察官吏ノ處分ヲ求ムルコトヲ得

（說明） 本條亦第五十七條に規定したる議長の秩序維持權に基つきたる規定にして傍聽人か公然可否を表するとは明かに議員の說を賛成し或は之に不同意を表する事を言ひ喧騷に涉るとは騷擾敷するを云ひ其他會議の妨害を爲すときは議長は先つ之を制止し其命に從はさるときは議場外に退出せしめ尙之に從はさるは警察官に命して議場外に退出せしむることを得るものとす多數の傍聽人一般に騷がしきときは議長は傍聽人に悉く退場を命じ從はざるときは警察官に命じて退去せしむることを得るなり

第六十一條 議場ノ秩序ヲ紊リ又ハ會議ノ妨害ヲ爲ス者アルトキハ議員若ハ第四十九條ノ列席者ハ議長ノ注意ヲ喚起スルコトヲ得

（說明） 本條議員たると傍聽人たるとを問はず議會の秩序を紊亂し議事の妨害

を爲す者あるに當り議長の注意を喚起する權能ある者を定めたり則ち其權能ある者は議員若くは府縣知事及び其委任若くは囑托を受けたる官吏吏員にして會議に列席せる者なりとす

第六十二條　府縣會ニ書記ヲ置キ議長ニ隷屬シテ庶務ヲ處理セシム書記ハ議長之ヲ任免ス

（說明）　府縣會は議事の當時或は其の前後に於て書類の編纂謄寫の如き其他數多の事務あり之を掌らしむる爲め書記を置き議長に隷屬して其庶務を處理せしむるものとす

書記は議長之を任免するは其監督指示に從ひ執務す可きものなるを以て議長自ら適任なりと思惟するものを選任すべければなり

第六十三條　議長ハ書記ヲシテ會議錄ヲ製シ會議ノ顚末並出席議員ノ氏名ヲ記載セシムヘシ會議錄ハ議長及議員二名以上之ニ署名スルヲ要ス其ノ議員ハ府縣會ニ於テ之ヲ定ムヘシ

議長ハ會議錄ヲ添ヘ會議ノ結果ヲ府縣知事ニ報告スヘシ

（說明）凡て記錄は當時の狀況を後日に存ぜしむるものにして記錄調製は總般の事に於て必要なりとす本條は則ち會議の記錄に關する規定にして議長は書記をして會議錄を製し會議の始末並に出席議員二名以上必ず之に署名して信用を充分ならしむべく其議員府縣會議に於て之を定む可きものとせり

議長は前項の會議錄を添付し會議の結果を府縣知事に報告す可きものとす

第六十四條　府縣會ハ會議規則及傍聽人取締規則ヲ設クヘシ

會議規則ハ內務大臣ノ許可ヲ得ルコトヲ要ス

（說明）本條は府縣會內部の議定は自ら之をむ可きことを定めたるものにして會議規則は議會開閉の時間調査委員の組織權限其他議事に關する一切の規定を言ひ傍聽人取締規則は談話喫烟、携帶品を禁じ其他議事の妨害を戒むる規則を言ふなり然して會議規則は內務大臣の許可を受くることを必要とせり

（說明）自治體に於ける代議行政の兩機關は鳥の双翼車の兩輪に於けるか如く倶に偏廢すべからざるものとす其代議機關は前章に於て述べたる府縣會にして本章は其行政機關たる參事會に關する議定なり縣參事會は合議制の行政機關にして府縣會の決權を執行し又は府縣會の委任あるときは府縣會に代はりて其議決權を行ふことを得るものなれども又單獨に府縣の行政を施行する責に任する府縣知事あり知事は外部に對して府縣を代表し縣參事會の議長として之れを招集する權を有し府縣知事の職務は一條の法理を以て說明することを得ざるものなるにより茲に知事職司を一言すべし府縣知事は二樣の職務ありて一は即ち府縣團體を代表する職分にして他は中央政府の行政官たるの地位なり即ち一方に於て府縣の自治機關となり他方に於ては國家の官吏として府縣自治を監督する職務を有するものなり須らく此區別あることを注意せざる可からず

第一欵　組織及選擧

第六十五條　府縣ニ府縣參事會ヲ置キ府縣知事高等官二名及名譽職參事會員ヲ以テ

之ヲ組織ス
府ノ名譽職參事會員ハ十名トシ縣ノ名譽職參事會員ハ七名トス
府縣高等官ニシテ府縣參事會員タルヘキ者ハ内務大臣之ヲ命ス
（說明）本條は府縣參事會の組織に關する規定にして其分子は中央行政の職務に在るものと自治團體の双方より出すものにして中央行政の任を帶ふるものは府縣知事及高等官にして自治體より名譽職參事會員を出し以て府縣參事會を組織するものとす府縣名譽參事會の數は府に在ては十名とし縣に在ては七名となせり
府縣高等官にして參事會員たるべきものを任命するは内務大臣に於て其適任なりと認めたるものを命するものとす

第六十六條　名譽職參事會員ハ府縣會ニ於テ議員中ヨリ之ヲ選擧スヘシ
府縣會ハ名譽職參事會員ト同數ノ補充員ヲ選擧スヘシ
前二項ノ場合ニ於テハ第十八條第二十七條及第二十九條ノ規定ヲ準用ス其ノ投票

ノ効力ニ關シ異議アルトキハ府縣會之ヲ議決ス
名譽職參事會員中闕員アルトキハ府縣知事ハ補充員ニ就キ之ヲ補闕ス其ノ順序ハ選擧ノ時ヲ異ニスルトキハ選擧ノ前後ニヨリ選擧同時ナルトキハ得票數ニ依リ得票同數ナルトキハ年長者ヲ取リ年齡同シキトキハ抽籤ニ依ル仍闕員アル場合ニ於テハ臨時補闕選擧ヲ行フヘシ
名譽職參事會員及其ノ補充員ハ毎年之ヲ選擧スヘシ
名譽職參事會員ハ後任就任ノ前日マテ在任ス府縣會議員ノ任期滿了シタルトキ亦同シ
（説明） 本條ハ名譽職參事會員選擧ノ方法及ひ任期に關する規定なり
名譽職參事會員を選擧するは府縣會に於て其議員中より互選す可きものとす
名譽職參事會員は府に十名縣に七名にして其事務は府縣の自治の全體に渉り其樞機に任したるものなれは其責任輕からす又開散なりと謂ふを得す而して名譽職參事會員たるものは元と其職に專任する官吏にあらされは事務の爲めに往々

闕員を生する場合なしとせす此支障に應する爲め豫め同數の補充員を選擧し置くものとす
前二項の如き場合に於ては已に前述の第十八條及第二十七條第二十九條の規定を準用するものとせり而して其投票の無効投票等の投票の効力に關して異議あるときは府縣會に於て決定するものとせり
第四項は闕員ある場合に處する規定にして名譽職參事會員中闕員生じたるときは府縣知事は補充員の中に就き之を補闕するものとす其補闕の順序は補充に選はれたるとき異なるときは選擧の前後に依りて決定し選ばれたるとき同しけれは其得票數の多寡に依り得票數同しけれは年長者を採り年齡同しきときは抽籤の方法に依りて決定することとせり闕員を生したるも其儘になし置くときは府縣自治に影響すること些少にあらざるを以て臨時補闕選擧を行ひ以て補充するものと規定したるものなり
名譽職參事會員及び其補充員は府縣會中より互選するものなれば從來任期は府

縣會議員と同樣四ヶ年なりしも年限長き爲め情弊甚だしく故に本項にて一ヶ年に短縮することとし每年選擧するものとせり

行政機關は暫時も運轉を停止す可からさるものなるを以て例令任期を經過することあるも後任者就任の日まで在任することを要するものとす府縣會議員の任期滿了の場合にも此規定を準用するものとせり

第六十七條　府縣參事會ハ府縣知事ヲ以テ議長トス府縣知事故障アルトキハ高等官參事會員議長ノ職務ヲ代理ス

（說明）府縣參事會は會員少數なるも全く談話の體を以て決定せは不規律を弊を免れす故に議長を置き其職に充つるに府縣知事を以てせり是れ知事は府縣參事會員の一員にして而かも其上席者たると共議決を施行す可き責任あるによる然れとも知事若し故障あるときは高等官參事會員議員を代理す可きものとす

第二欵　職務權限及處務規程

第六十八條　府縣參事會ノ職務權限左ノ如シ

一　府縣會ノ權附ニ屬スル事件ニシテ其ノ委任ヲ受ケタルモノヲ議決スル事

二　府縣會ノ權限ニ屬スル事件ニシテ臨時急施ヲ要シ府縣知事ニ於テ之ヲ招集スルノ暇ナシト認ムルトキ府縣會ニ代テ議決スル事

三　府縣知事ヨリ府縣會ニ提出スル議案ニ付府縣知事ニ對シ意見ヲ述フル事

四　府縣會ノ議決シタル範圍內ニ於テ財產及營造物ノ管理ニ關シ重要ナル事項ヲ議決スル事

五　府縣費ヲ以テ支辨スヘキ工事ノ執行ニ關スル規定ヲ議決スル事但シ法律命令中別段ノ規定アルモノハ此限ニ在ラス

六　府縣ニ係ル訴願訴訟及和解ニ關スル事項ヲ議決スル事

七　其ノ他法律命令ニ依リ府縣參事會ノ權限ニ屬スル事

（說明）　本條は府縣參事會の職務權限を規定したるものにして本章中最も重要なる箇條なりとす今其項目を左に說明すへし

一　府縣は其權限に屬する事件を參事會に委任すへきことを得るは四十二條に

陳たる如し即ち委任を受くれは參事會に於て議決す可き其議決は府縣會の議決と同一の効力あるものとす

二　府縣會は多數の議員を以て組織するものなるを以て其標準は自然數多の日子を要す然るに臨時急施を要するとき例へは天變地異若しくは惡疫流行或は洪水の爲め河水の堤防決壞し速かに之を處置を施さゝれは非常の不幸損害を府縣民に及ほすか如き場合は府縣會の權限に屬する事件なるも府縣知事に於て之を招集する暇なしと認むるときは府縣會に代はり議決をなさゝる可からす

三　府縣知事より發する議案は其府縣會に提出する前に於て參事會に提出し意見を求むるものなり其意見を求めらるゝに當りては其過不及なからしめん爲め其議案を討究審議し以て其意見を府縣知事に開陳せさる可からす

四　第四十一條第七に規定したる如く府縣有の財產及營造物の管理方法を定むるは府縣會の權限にをすることとなるも其府縣會の議決したる範圍內に於て財

産及營造物の管理に關し實際必要なる細則を定むるは府縣參事會の職分なりとす

五　府縣費の負擔すべき工事に關する費用の數量は府縣會の定む可き所なりと雖ども其何れを先にし何れを後にするや其工事を何人に命するや或は之を競爭入札に付す可き歟等工事の執行方法に關する規定を議決するは參事會の定む可きものなりとす乍併法律命令中別段の規定あるものは其規定によるは勿論なり

六　府參事會は其の府縣に係る訴願に關し如何に裁決を與ふ可きや又行政訴訟の對手となり又民事訴訟に關し如何なる方針を取る可きや又權利義務の爭を止むるに付き如何なる點まて讓歩す可きか又は和解を爲さゞる等の事柄を議決するなり

七　以上叙述せる外法律勅令閣令省令等により府縣參事會の權限に屬する事項を議決するものとす

第六十九條　府縣參事會ハ名譽職參事會員中ヨリ委員ヲ選擧シ之ヲシテ府縣ニ係ル出納ヲ檢査セシムルコトヲ得

前項ノ檢査ニハ府縣知事又ハ之ヲ指命シタル官吏若ハ吏員之ニ立會フコトヲ要ス

（說明）　本條亦府縣參事會の權根の一なり府縣會は豫算を議定するも常に其實況を視察するものにあらず故に或は府縣の出納に正しからさる事ありと思料し其他必要あるときは委員を選擧し置き理事者に質疑し若くは帳簿現金等を檢査せしむることを得るものとす

右の檢査には知事又は其の指命したる官吏若くは吏員其檢査に立會ひ以て其說明の任に當る可きなり

第七十條　第四十四條第四十五條第四十九條第五十一條第三項第五十五條第五十七條第一項及第六十二條ノ規定ハ府縣參事會ニ之ヲ準用ス

（說明）　本條は第四十四條の府縣の公益に關する事件に付意見書を府縣知事若くは內務大臣に呈出すること第四十五條の官廳の諮問あるときは意見を答申す

ること第四十九條の知事又は代理者の會議に列する第五十一條第三項の府縣參事會の開閉第五十五條第一項の單記無記名投票第五十七條第一項の議長の議場整理第六十二條の會議に書記を置く等の規定を府縣參事會に準用することを定めたるなり

第七十一條 府參事會ハ府縣知事之ヲ招集ス若名譽職參事會員半數以上ノ請求アル場合ニ於テ相當ノ理由アリト認ムルトキハ府縣知事ハ府縣參事會ヲ招集スヘシ

府縣參事會ノ會期ハ府縣知事之ヲ定ム

（說明） 本條は府縣參事會の招集に關する規定にして參事會招集は時期を定めざるものなるを以て開會の要用有る毎に之を招集するものとす然して其招集は通常知事之をなす可きものなれども又名譽職參事會員半數以上の請求ある場合に於て相當の理由ありと認むるとき知事は府縣參事會を招集せざる可からざるなり然し幾日間開會を爲すとの期限は知事之を決定するものとす

第七十二條 府縣參事會ノ會議ハ傍聽ヲ許サス

（説明）行政事務は機密にして敏捷なるを要し其機關の會議は漏泄を憚るもの多し若し之れを公開するときは施政の妨害澁滯を來す恐れあるを以て傍聽を許さゞることゝなしたるなり

第七十三條 府縣參事會ハ議長又ハ其ノ代理者及名譽職參事會員定員ノ半數以上出席スルニ非サレハ會議ヲ開クコトヲ得ス

第六十八條第二ノ決議ヲ爲ストキハ府縣知事高等官參事會員ハ其ノ議決ニ加ハルコトヲ得ス

府縣參事會ノ議事ハ過般數ヲ以テ決ス可否同數ナルトキハ議長ノ決スル所ニ依ル

會議ノ顚末ハ之ヲ會議錄ニ記載シ議長及參事會員二名以上之ニ署名スヘシ

（説明） 本條は府縣參事會開會することを得る定員數及採決方法並に會議錄に關する規定にして府縣會を開くは第五十二條に規定せる如く定員の半數以上となしたれども府縣參事會は少しく其趣を異にし議長又は其の代理者と及び名譽

職參事會員定員の半數以上出席するに非らざれば會議を開くことを得ず故に斯の如き議長たる知事府縣高等官たる參事會員二名と名譽職參事會員二名出席せば總會員の半數以上となるも尚ほ名譽職參事會員定員の半數に充たざるを以て開會することを許さず之に反し名職譽參事會員四名出席し議長參加せば官吏會員缺席するも議決を爲す事を得るものとなる是れ畢竟人民撰出の會員の出席を重んずるが爲めなり

第二項　第六十八條の二に掲げられたる府縣會の權限に屬する事件にして臨時急施を要し府縣會に代て議決をなす可き場合に於て府縣知事高等官參事會員は其議決に加はることを得ざるものとなしたるは其急施を要すると否やとは府縣知事の認むるものにして其事柄は本來府縣會の議決す可きものなるを以て人民の權利を重じ成る可く官權の干渉を避けんとし官吏會員を除席したるは法制其宜しきを得たるものなりとす

第三項　第五十三條の府縣會の採決法と同じ同條に詳述したれは亦贅せず

第四項　會議錄調製のことは第六十三條を參照すべし

第七十四條　第五十四條ノ規定ハ府縣參事會員ニ之ヲ準用ス但シ同條ノ規定ニ依リ會員ノ數減少シテ前條第一項ノ數ヲ得サルトキハ府縣知事ハ補充員ニシテ其ノ事件ニ關係ナキ者ヲ以テ第六十六條第三項ノ順序ニ依リ臨時之ニ充テ仍其ノ數ヲ得サルトキハ府縣會議員ニシテ其ノ事件ニ關係ナキ者ヲ臨時ニ指名シ其闕員ヲ補充スヘシ

議長及其ノ代理者共ニ除席セラレタルトキハ年長ノ議員ヲ以テ假議長ト爲スヘシ

（說明）　本條は第五十四條に規定せる自己若くは親族の關係あるもの其議事に參與する場合に關する府縣會の規定を府縣參事會に準用す可きことを定めたるなり然れども同條の規定に依り除斥したる爲會員の數減少して名譽職參事會員の半數以上の數に充たすこと能はざるに至りたるときは府縣知事は六十六條により規定せる補充員にして其事件に關係なき者を以て六十六條四項の順序則ち選擧同時なるときは投票數に依り投票同數なるときは年長者を取り同年月なる

ときは抽籤に依り選擧の時を異にするときは選擧の前後に依り臨時之に充て仍其の數を得さるときは府縣會議員中にて其事件に關係なき者を臨時に指名して其不足員を充たすものとす

若し議長及其の代理者共に自己若くは近親の關係より除席せられたるときは年長の會員を以て假議長と爲す可きものとす

第四章　府縣行政

（說明）本章は府縣の行政を行ふ職員の組織任免及其職務權限並に處務規程給料給與に關する規定をなしたり

第一欵　府縣吏員ノ組織及任免

第七十五條　府縣ニ有給ノ府縣吏員ヲ置クコトヲ得

前項ノ府縣吏員ハ府縣知事之ヲ任免ス

（說明）府縣には府縣會府縣參事會の議決を執行する責に任する府縣知事ありと雖も煩雜なる總般の事務細末の事に至るまて何そ知事一人にて處理すること

を得んや況んや知事は一方中央行政の官吏なるに於てをや故に本條は知事に隷屬し其實務に當らしむる爲府縣に有給の府縣吏員を置くことを得るものとし然して其吏員は之れか監督者たる知事に於て任免することゝなしたるなり

第七十六條　府縣ニ府縣出納吏ヲ置キ官吏吏員ノ中ニ就キ府縣知事之ヲ命ス

（說明）　府縣には其府縣の取入を受領し支拂をなす等會計事務を掌らしむる爲府縣に出納吏を置き其府縣の官吏及前條の吏員の中より知事之を任命するものとす

第七十七條　府縣ハ府縣會ノ議決ヲ經內務大臣ノ許可ヲ得テ臨時若ハ常設ノ委員ヲ置クコトヲ得

委員ハ名譽職トス

委員ノ組織選任任期等ニ關スル事項ハ府縣會ノ議決ヲ經內務大臣ノ許可ヲ得テ府縣知事之ヲ定ム

（說明）　本條は府縣に委員を置くことを得ることを定めたるものにして府縣は

府縣會の議決を經內務大臣の許可を請けて臨時委員若くは常設の委員を設くることを得るものとしたり是れ世運の發達進步に伴ひ自治行政の事務は益繁劇を加ふるに隨ひ政費も勢ひ漸次增加を來たさゞるを得す故に事宜により委員を設け一部の事を經驗ある者に委託し以て費用を省き同時に亦府縣民をして施行の經驗を積み共同して實務を處理するの習慣を養成し自治制度の發達を幇助するの媒介たらしむる所以なり

委員は名譽職則ち無給なりとす

委員は幾人にて組織するや其選任は何れに於て行ふや其任期は委託事件の終了するまてとするや若くは豫め其期限を定むるや等の事柄は府縣會の議決を經內務大臣の認可を得て府縣知事之を定むるものとす

第二欵　府縣官吏府縣吏員ノ處務權限及處務規程

第七十八條　府縣知事ハ府縣ヲ統轄シ府縣ヲ代表ス

府縣知事ノ擔任スル事務ノ概目左ノ如シ

一　府縣費ヲ以テ支辨スヘキ事件ヲ執行スル事
二　府縣會及府縣參事會ノ議決ヲ經ヘキ事件ニ付其ノ議案ヲ發スル事
三　財產及營造物ヲ管理スル事但シ特ニ之カ管理者アルトキハ其ノ事務ヲ監督スル事
四　收入支出ヲ命令シ及會計ヲ監督スル事
五　證書及公文書類ヲ保管スル事
六　法律命令又ハ府縣會若ハ府縣參事會ノ議決ニ依リ使用料手數料府縣稅及夫役現品ヲ賦課徵收スル事
七　其ノ他法律命令ニ依リ府縣知事ノ職權ニ屬スル事項

（說明）　本條は府縣知事の自治機關としての職務權限を規定したるものなり抑も知事は從來屢々述へたる如く國家の官吏にして國務を司掌する外自治事務を取り府縣參事會に列し其議長となり加ふるに本條の如き職務を擔任す其職責も亦大なりと謂ふへし

本條によれは府縣知事は府縣を統轄し外部に向て府縣を代表するものとす府縣知事の擔當する事務の概目は

一　府縣費を以て支辨すへき事件を執行する事

府縣費は府縣會及府縣參事會にて議決す可きものにして其議決を以て支辨す可き事件の執行を掌とるなり

二　府縣及府縣參事會の議決を經へき事件に付其の議案を發する事

第四十一條には府縣會の議決す可き事件を規定し第六十八條には府縣參事會の議決す可き事項を揭けたり其議決を經へき事件に對する議案は之れか實行の當任者たり府縣の統轄者たる知事之を發するものとす

三　財產及營造物を管理する事但し特に之れか管理者あるときは其の事務を監督する事

財產營造物の何たるは已に述へたる所にして是等の物を保管するなり乍併委員其他の管理者あるときは其事務を監督すへきものとす

四　收入支出を命令し及會計を監督する事
府縣出納吏收入支拂を命し及會計の紊れさる樣監督をなす可きなり
五　證書及公文書類を保管する事
府縣に屬する權利義務に關し又其證書及公文書類を散逸せしめさる樣保管する事
六　法律命令又は府縣會若くは府縣參事會の議決に依り使用料手數料府縣稅及夫役現品を賦課する事
使用料手數料府縣稅及夫役現品の何たるは四十一條に於て既に述へたるを以て同條の說明を參與して知るへく其賦課徵收は法律命令又は府縣會若くは府縣參事會の議決に基つき執行すへきなり
七　其の他法律命令に依り府縣知事の職權に屬する事項
以上の外法律又は勅令閣令省令等により府縣知事の職權に屬せしめたる事項を擔任執行せさる可からさるなり

第七十九條　府縣知事ハ議案ヲ府縣會ニ提出スル前之ヲ府縣參事官ノ審査ニ付シ若府縣參事會ト其ノ意見ヲ異ニスルトキハ府縣參事會ノ意見ヲ議案ニ添ヘ府縣會ニ提出スヘシ

（說明）　前條に規定せる如く府縣知事は議案を發す可きものにして其議案を府縣會に提出するには先つ之を府縣參事會の審査に付し其意見を徵す可く若し其意見を異にするときは參事會の意見を議案に添付し以て府縣會に提出審議討究する參考の資料となす可きものとす

第八十條　府縣知事ハ府縣ノ行政ニ關シ其ノ職權ニ屬スル事務ノ一部ヲ郡島ノ官吏吏員又ハ市町村吏員ニ補助執行セシメ若ハ委任スルコトヲ得

府縣知事ハ府縣ノ行政ニ關シ其ノ職權ニ屬スル事務ノ一部ヲ府縣議員ニ臨時代理セシムルコトヲ得

（說明）　既に縷述したる如く府縣知事は實に繁劇なる職務を帶ふるものなれは本條は其事務の一部を委任し又は代理せしむることを得ることを定めたるもの

にして府縣知事は府縣の行政に關し自己の職權に屬する事務の一部分を事宜により郡長島司其他の官吏吏員又は市町村吏員等に補助執行せしめ若くは委任して行はしむることを得るものとす

又府縣知事は府縣の行政に關し其の職權に屬する所の事務の一部分を便宜其府縣吏員に臨時代理執行せしむることを得へし

第八十一條 府縣知事ハ府縣吏員ヲ監督シ懲戒處分ヲ行フコトヲ得其ノ懲戒處分ハ譴責二十五圓以下ノ過怠金及解職トス

府縣知事ハ府縣吏員ノ懲戒處分ヲ行ハントスル前其ノ吏員ノ停職ヲ命シ並給料ヲ支給セサルコトヲ得

懲戒ニ依リ解職セラレタル者ハ二年間其ノ府縣ノ公職ニ選擧セラレ若ハ任命セラルルコトヲ得ス

（說明） 本條は府縣知事は府縣吏員を監督し懲戒するの權及ひ其程度を定めたるものにして即ち第一項は懲戒の處分は(一)譴責に止むるか又は(二)二十五圓

以下の過怠金を申付くるか(三)解職をなすの三方法とし第二項は其處分を行はんとする前に當り先つ其吏員の職務を行ふことを停止し竝に給料を支給せさることを得へく第三項は懲戒處分により解職せられたる者は二年間は其の府縣の公職に推選せられ若くは任命せられ就職することを得さるものとなしたるなり

第八十二條　府縣會若ハ府縣參事會ノ議決若ハ選擧其ノ權限ヲ越エ又ハ法律命令若ハ會議規則ニ背クト認ムルトキハ府縣知事ハ自己ノ意見ニ依リ又ハ內務大臣ノ指揮ニ依リ理由ヲ示シテ直ニ其ノ議決若ハ選擧ノ取消シ又ハ議決ニ付テハ再議ニ付シタル上仍其ノ議決ヲ改メサルトキハ之ヲ取消スヘシ

前項取消處分ハ不服アル府縣會若ハ府縣參事會ハ行政裁判所ニ出訴スルコトヲ得

府縣會若ハ府縣參事會ノ議決公益ニ害アリト認ムルトキハ府縣知事ハ自己ノ意見ニ依リ又ハ內務大臣ノ指揮ニ依リ理由ヲ示シテ之ヲ再議ニ付シ仍其ノ議決ヲ改メ

サルトキハ内務大臣ニ具狀シテ指揮ヲ請フヘシ

（說明）　本條は府縣會若くは府縣參事會の越權違法又は不便宜の決議を爲したる場合に關する知事の職權を規定したるものなり

第一項　府縣會及府縣參事會の決議すへき事件及選擧に關することは既に說明したる如くにして（本制四十一條四十三條六十六條六十八條六十九條參照）其議決若くは選擧にして其の自己の有する權限の範圍を逸出し又は法律命令若は會議規則に違背せりと認むるときは知事は自己の意見に依るか又は內務大臣の指揮に依り其越權又は法律違背の理由如何を明示し直に其越權又は違法なりとする議決若は選擧を取消し議決に付ては更に深思熟慮の上法律命令に準據したる議決をなす可き爲め再ひ會議に付す可きなり然れとも仍其議決を改めさるときは亦之を取消すへきものとす

第二項　第一項の場合に於て府縣會若くは府縣參事會に於て其選擧若くは議決は越權不法の點なく却て其取消處分を不當なりとし不服なる府縣會若くは府縣

參事會は行政裁判所に不當處分取消の訴訟を提起することを得るものとす

第三項　府縣知事か府縣會若くは府縣參事會の議決にして公益に害あるものと認むるときは自己の意見又は內務大臣の指揮に依り其如何なる理由により公益に害あるやを示し之れを再議に付し然して仍ほ議決を改めさるときは內務大臣に詳細の事狀を具申し以て指揮を請ふ可きものとせり第一項は法律解釋の明案に屬し知事に取消權を與へたるも本項は公益如何の見解に關し何れか穩當なるや大に考慮を要す故に知事に取消權を與へすして內政の最高監督者たる內務大臣に具狀して指揮を請ふ可きものとせり

第八十三條　府縣會若クハ府縣參事會ニ於テ府縣ノ收支ニ關シ不適當ノ議決ヲ爲シタルトキハ府縣知事ハ自己ノ意見ニ依リ又ハ內務大臣ノ指揮ニ依リ理由ヲ示シテ之ヲ再議ニ付シ仍其ノ議決ヲ改メサルトキハ內務大臣ニ具狀シテ指揮ヲ請フヘシ但シ場合ニ依リ再議ニ付セスシテ直ニ內務大臣ノ指揮ヲ請フコトヲ得

（說明）　本條亦前條と同しく府縣知事の府縣會若くは府縣參事會の議決に對す

る職權を規定したるものにして府縣會若くは府縣參事會に於て府縣の收支に關し施政に差支を生するか如き非常削減をなすか又は府民の負擔に堪へ難き澎張をなす等不適當の議決を爲したるときは知事は自己の意見又は內務大臣の指揮に依り其理由を示し再議に付し前議を飜さんことを求め仍其議決を改めされは內務大臣の指揮を請ふなり乍併其形勢到底再議に付するも議決を改むる等のことなしと思料する場合の如きは直に內務大臣の指揮を請ふことを得るものとす

第八十四條 府知事ハ期日ヲ定メテ府縣會ノ停會ヲ命スルコトヲ得

（說明） 知事は府縣會の形勢公平を失し穩當ならさる議決をなすの傾きある場合等反省を促す爲め期限を定めて停會を命することを得るなり乍併本條の職權ありとて運用其宜しきを得されは却て理事機關と議事機關の圓滑を欠き結局府民の不幸となるか如き恐れなきを保せす知事は須らく其適用を愼み府縣會亦鑑みさる可からす

第八十五條 府縣會若ハ府縣參事會招集ニ應セス又ハ成立セサルトキハ府縣知事ハ

内務大臣ニ具狀シテ指揮ヲ請ヒ其ノ議決スヘキ事件ヲ處分スルコトヲ得第五十四條第七十四條ノ場合ニ於テ會議ヲ開クコト能ハサルトキ亦同シ

府縣會又ハ府縣參事會ニ於テ其ノ議決スヘキ事件ヲ議決セサルトキハ前項ノ例ニ依ル

府縣參事會ノ決定若ハ裁決スヘキ事項ニ關シテハ本條第一項第二項ノ例ニ依ル此ノ場合ニ於ケル府縣知事ノ處分ニ關シテハ各本條ノ規定ニ準シ訴願及訴訟ヲ提起スルコトヲ得

本條ノ處分ハ次ノ會期ニ於テ之ヲ府縣會若ハ府縣參事會ニ報告スヘシ

（說明）　第一項　行政官吏をして府縣の自治に干涉せしむるは素より自治の本體に非らされとも本條の如き府縣會若くは府縣參事會の招集に應せす又は成立せさるときは其機關を中止するものにして此場合の處分を措て問はさるときは自治の事務を休止せしむるの外なきを以て已むを得す變例として知事は內務大臣に具狀して指揮を請ひ其議決すへき事件を處分することを得るものとなした

るなり然して第五十四條七十四條の自己若くは近親上の關係より除斥の結果會議を開くこと能はさるとき亦同しく此變例によるものとす

第二項　府縣會又は府縣參事會に於て其議決すへき事件に關し故意なると怠慢に出つるとを問はす亦一項の例に依り知事之を處分するなり

第三項　府縣參事會の決定し若くは議決すへき事項に關し一項二項の如き場合は其例に依り知事之を決定す可きなり此場合に於ける府縣知事の處分に關しては各其本條の規定に準據し訴訟をなし又は行政裁判所に出訴することを得るなり

第四項　以上の處分は畢竟萬止むを得さる臨時の處分に外ならされは知事は其處分如何を次の會期に於て之を府縣會若くは府縣參事會に報告せさる可からざるなり

第八十六條　府縣參事會ノ權限ニ屬スル事件ニシ臨時急施ヲ要シ府縣知事ニ於テ之ヲ招集スルノ暇ナシト認ムルトキハ府縣知事ハ專決處分シ次ノ會期ニ於テ其ノ處

分ヲ府縣參事會ニ報告スヘシ

（說明） 府縣參事會の權限に屬する事件なるも天災地變の防禦救難等片時も猶豫すべからずして府縣參事會を招集せんも其暇なきときは知事に於て專決處置をなす可く然して是れ變に處するの便法にして本則にあらざれば次の會期に於て其事情と共に處分の成蹟を府縣參事會に報告せざる可からざるなり

第八十七條 府縣參事會ノ權限ニ屬スル事項ハ其ノ議決ニ依リ府縣知事ニ於テ專決處分スルコトヲ得

（說明） 本條は元來府縣參事會の權限に屬する事項を其議決により府縣知事に委任攝行せしむることを得る便宜法を定めたるなり

第八十九條 官吏ノ府縣行政ニ關スル職務關係ハ此ノ法律中規定アルモノヲ除ク外國ノ行政ニ關スル其ノ職務關係ノ例ニ依ル

（說明） 官吏の府縣行政に關する職務關係は此府縣制中特別の規定を設けあるものは勿論其規定に準據す可きも斯法の定めなきものは總て一般の國の行政に

關する其の職務關係の例に依る可きものとす

第八十九條 府縣出納吏ハ出納事務ヲ掌ル

（說明） 府縣に出納吏を置くは第七十六條に規定せり其出納吏の職掌は其府縣の收入を受領し支拂をなし其他會計事務を掌るものとす

第九十條 府縣吏員ハ府縣知事ノ命ヲ承ケ事務ニ從事ス

（說明） 府縣吏は知事に隸屬し知事の指揮命令を承け其事務に從事せざる可からざるものとす

第九十一條 委員ハ府縣知事ノ指揮監督ヲ承ケ財產若ハ營造物ヲ管理シ其ノ他府縣行政事務ノ一部ヲ調査シ又ハ一時ノ委托ニ依リ事務ヲ處辨ス

（說明） 委員を置くに關することは第七十七條に規定し本條は其職務を規定したるものにして常設若くは臨時の委員は府縣知事の指揮監督を受け財產若くは營造物を管理し其の他府縣行政事務の一部分を調査し或は一時の委囑に依り其事務を處辨するものとす

第九十二條 府縣ノ事務ニ關スル處務規程ハ府縣知事之ヲ定ム

（說明）本條は府縣の官吏委員等執務上の細則等は何人か定む可へきかを規定したるものにして其監督者たる府縣知事之れを定むべきことを規定したるに過ぎず

第三欵　給料給與

（說明）本款は有給府縣吏員及び名譽職たる府縣會議員名譽職參事會員府縣委員等への給料及び給與のことを規定したるなり

第九十三條 有給府縣吏員ノ給料額並旅費額及其ノ支給方法ハ府縣知事之ヲ定ム

本條は法文簡明說明の要なし

第九十四條 府縣會議員名譽職參事會員其ノ他名譽職員ハ職務ノ爲要スル費用ノ辨償ヲ受クルコトヲ得

費用辨償額及其ノ支給方法ハ府縣會ノ決議ヲ經テ府縣知事之ヲ定ム

（說明）府縣會議員、府縣會議員中より選擧せる名譽職參事會員其他委員の如き總て名譽職員は素より俸給を請くべきものにあらざれども其事務執行の爲め又は會議の爲めに要する實費に至る迄悉く自辨に歸せしむるは苛酷の嫌あり故に本法は名譽職員は其往復旅費及滯在費手當等の如き職務の爲め要する費用の辨償を受くることを得るものとせり乍併其之れを受けざらんと欲せば辭退することは當人の隨意なりとす

第二項　其費用辨償額及其支給方法は縣會の議決を經て府縣知事に於て之れを定む可きものとせり

第九十五條　有給府縣吏員ノ退隱料退職給與金ト死亡給與金遺族扶助料及其ノ支給方法ハ前條第二項ノ例ニ依リテ之ヲ定ム

（說明）　退隱料は有給吏員か永年職に勤め老朽病氣其他の事項により職を罷めたるとき渡す所の隱居料とも云ふ可きものにして退織給與金とは有給吏員か職を罷めしとき未だ退隱料を渡す年限に達せざる者等に賜はる慰勞金なり死亡給與金は有給吏員在職中に死亡したるものに賜はる慰勞金なり遺族扶助料は有給

吏員たりしもの死去したるとき其家族に贈る養ひ料なり有給吏員の給料旅費は九十二條により府縣知事の定む可きものとせるも其退隱料退職給與金遺族扶助料及其支給方法は前條第二項の例により府縣會の議決を經て內務大臣の許可を受く可く若し許可す可からずと認むとるきは內務大臣に於て之れを定むるものとせり是れ給與旅費と本條規定の給與金とは其趣を異にするものなればなり

第九十六條 退隱料退職給與金遺族扶助料及費用辨償ノ給與ニ關シ異議アルトキハ之ヲ府縣知事ニ申立ツルコトヲ得

前項ノ異議ハ之ヲ府縣參事會ノ決定ニ付スヘシ其ノ決定ニ不服アル者ハ行政裁判所ニ出訴スルコトヲ得

前項ノ決定ニ關シテハ府縣知事ヨリモ亦訴訟ヲ提起スルコトヲ得

（說明） 本條は退隱料退職給金遺族扶助料及費用辨償の給與に關する故障權を認めたるものにして其給與に關し異議あるときは知事に申立つることを得るものとしたり

第二項は其異議は府縣參事會の決定に付す可く其の決定に對し不服あれば行政裁判所に訴訟を提起することを得るものとせり

第三項は府縣參事會の決定に關して異見あれば府縣知事よりも亦行政裁判所に出訴することを得ることゝなしたるなり

第九十七條 給料旅費退隱料退職給與金死亡給與金遺族扶助料費用辨償其ノ他諸給與ハ府縣ノ負擔トス

（說明） 本條府縣會議員の給料旅費退隱料退職給與金死亡給與金遺族扶助料費用辨償其他諸給與は府縣の負擔となしたるは自治の團體たるものは其自治行政の事務を自ら處辨するは素より其分にして其機關たる織員の諸給與を其府縣に於て負擔すれば當然なるを以てなり

第五章　府縣の財務

（說明） 府縣は法人たり自治體たる結果相應の財產或は財源なかるべからず若し夫れ財產及び財源なからん歟法人たること能はざるなり既に財產あり財源あ

りと雖も整理其宜しきを得ざれば法人たる敏活の動きを爲すこと能はざるに至り亦自治體たることを得ざるに至る財務のこと豈輕忽に付す可んや則ち本章には財産營造物及び府縣税歳入出豫算決算に關することを規定したるなり

第一欵　財産營造物及府縣税

第九十八條　府縣ハ積立金穀等ヲ設クルコトヲ得

（說明）府縣は法人なるを以て自己の財產として金錢米穀を積立つることを得るものとす又府縣の義務として積立を要するものあり則ち第十三議會に於て協賛を經たる罹災救助基金の如き是れなり

第九十九條　府縣ハ營造物若ハ公共ノ用ニ供シタル財產ノ使用ニ付使用料ヲ徵收シ又ハ特ニ一箇人ノ爲ニスル事務ニ付手數料ヲ徵料スルコトヲ得

（說明）本條は營造物若くは公共の用に供したる財產を專用するもの等に使用料を徵收し又は特別一箇人の爲めに處辨する事務に付き其者より相當の手數料を徵收することを得ることを規定したるなり

第百條 本法中別ニ規定アルモノヲ除ク外使用料手數料ニ關スル細則ハ府縣會ノ議決ヲ經テ府縣知事之ヲ定ム其ノ細則ニハ過料五圓以下ノ罰則ヲ設クルコトヲ得

過料ニ處シ及之ヲ徵收スレハ府縣知事之ヲ掌ル其ノ處分ニ不服アル者ハ行政裁判所ニ出訴スルコトヲ得

（說明） 本條は使用料及手數料に關する細則に就て規定したるものにして第一項によれは斯法の中に規定あれは勿論其定むる所によるも其定めなきものに就ては府縣會の議決を經て知事に於て之を定む可きものとし然して其細則中には違反したる者には五圓以下の罰則を設くることを得るものとせり

二項は過料の執行者は知事なることを定む其處分に不服ある者は行政裁判所に訴訟を提起することを得るものとしたるなり

第百一條 府縣ハ其ノ公益上必要アル場合ニ於テハ寄附若ハ補助ヲ爲スコトヲ得

（說明） 本條は府縣か場合により寄附若くは補助を爲すことを得ることを定めて其場合は即ち公益上必要あるときとす今其一例を示さんか道路改修永遠の目

的たる土木工事、教育、衛生勸業及び慈善事業の如し是等公益上必要あるときは府縣費より寄附若くは補助金を與ふることを得るものとなしたるなり

第百二條 府縣ハ其ノ必要ナル費用及法律勅令又ハ從來ノ慣例ニ依リ府縣ノ負擔ニ屬スル費用ヲ支辨スル義務ヲ負フ

（說明） 本條は府縣か支辨せさるへからさる費用を定めたるものにして府縣は其必要なる費用則ち自治團體として其活動を爲すに就ての費用及法律勅令により府縣の負擔に歸する費用幷に從來の慣例にて府縣の引受けになり居る費用等を支辨するの義務あるものとす

第百三條 府縣稅及其ノ賦課徵收方法ニ關シテハ法律ニ規定アルモノヲ除ク外勅令ノ定ムル所ニ依ル

府縣ハ勅令ノ定ムル所ニ依リ其ノ費用ヲ市町村ニ分賦スルコトヲ得

（說明） 府縣稅目及其の賦課徵收の方法に關することは法律に規定あれは其法律によるは勿論なりと雖も其法律を以て定められざるものに在ては勅令の定む

る所に依る可きものとす

又府縣は其費用を會社一個人等に賦課せすして勅令の定むる所により其分子たる所の市町村に割當て徴收することを得るものとす即ち市町村制にも亦此事務あることを規定せり(市制第百十七條町村制九十七條參照)

第百四條 府縣內ニ住所ヲ有スル者ハ府縣稅ヲ納ムル義務ヲ負フ

(說明) 本條は其住所を府縣內に有する者は府縣稅を納むるの義務あることを規定せるものにして住所とは生活の本據を謂ひ本籍なると寄留とは問ふ所にあらさるなり

第百五條 三箇月以上府縣內ニ滯在スル者ハ其ノ滯在ノ初ニ遡リ府縣稅ヲ納ムル義務ヲ負フ

(說明) 滯在とは本籍地にあらす寄留所にもあらす一時其地に止宿するものを謂ひ苟くも三个月以上其府縣內に居住する者は其滯在の初に遡り府縣稅を納むる義務を負はしめたるものにして市制九十二條町村制九十二條と同一の精神に

出てたるなり

第百六條　府縣內ニ住所ヲ有セス又ハ三箇月以上滯在スルコトナシト雖府縣內ニ於テ土地家屋物件ヲ所有シ使用シ若ハ占有シ又ハ營業所ヲ定メテ營業ヲ爲シ又ハ府縣內ニ於テ特定ノ行爲ヲ爲ス者ハ其ノ土地家屋物件營業若ハ其ノ收入ニ對シ又ハ行爲ニ對シテ賦課スル府縣稅ヲ納ムル義務ヲ負フ其ノ法人タルトキ亦同シ

（說明）　前二條は府縣內に居住するにより納稅の義務を負はしめたるものなれとも本條は其趣を異にして行爲又は財產に對し納稅の義務あることを定めたるなり即ち本條によれは府縣內に居住を有せす又は三个月以上滯在することなきも府縣內に於て土地家屋物件を所有し使用し若しくは占有し又は營業所を定めて營業を爲し又は府縣內に於て特定の行爲を爲す者は其收入又は行爲に對して賦課する府縣稅を定めさる可からす此事務たる一私人のみに限るに在らす銀行會社の如き法人たるものにも亦財產を有し或は營業を爲し又は行爲を爲せは同一の賦課を受けさる可からさるなり

第百七條　納稅者ノ府縣外ニ於テ所有シ使用シ占有スル土地家屋物件若ハ其收入又ハ府縣外ニ於テ營業所ヲ定メタル營業若ハ其ノ收入ニ對シテハ府縣稅ヲ賦課スルコトヲ得ス

住所滯在同時ニ府縣ノ內外ニ涉ル者ノ前項以外ノ收入ニ對シ府縣稅ヲ賦課スルトキハ其ノ收入ヲ各府縣ニ平分シ其ノ一部ニノミ賦課スヘシ

（說明）　本條は前條の反對の場合を規定し數府縣に涉る場合に重複の府縣稅を課するの弊を防きたるなり

第一項は即ち納稅者の府縣外に於て所有若くは使用し占有する財産より生ずる收入又は營業所を定めたる營業より生する收入に付ては府縣稅を賦課することを得すとなしたる所以は此の如くせされは前條に依りて其財産收入に對して賦課せられたるものに付き又住居地に於て賦課せられ結局二重の府縣稅を納めざる可からさるに至るを以てなり

第二項は住所滯在同時に府縣の內外に涉る者の前項以外の收入は其收入を平均

に分割し其一部のみに賦課す可きものとせるは是亦然らされは各府縣に全額を課せられ二重三重の負擔を受くるに至る恐あるによるなり

第百八條　府縣ノ內外ニ涉リ營業所ヲ定メテ爲ス營業又ハ其收入ニ對シ本税ヲ分別シテ納メサル者ニ對シ關係府縣ニ於テ營業税附加税所得税附加税又ハ鑛產税附加税ヲ賦課スルトキハ關係府縣知事協議ノ上其ノ步合ヲ定ム若協議調ハサルトキハ內務大臣大藏大臣之ヲ定ム

鑛區又ハ砂鑛區カ府縣ノ內外ニ涉ル場合ニ於テ鑛區税又ハ砂鑛區税ノ附加税ヲ賦課スルトキハ鑛區又ハ砂鑛區ノ屬スル地表ノ面積ニ依リ本税額ヲ分割シ其ノ一部ニノミ賦課スヘシ

（說明）　本條は現住所の一府縣の內外に涉り營業所を定めて營業を爲したる場合又は其の收入に對し本税を分割して納めさる者に對する賦課に關する規定にして此の場合に關係府縣に於て營業税附加税所得税附加税又は鑛產税附加税を賦課するときは何れも其全部を管轄せざるものなるにより關係府縣知事協議の

上關係の多寡を斟酌し平均ならは五分五分或は甲府縣は六分乙府縣は四分となす等其歩合を定め然して其歩合を定むるに付き關係府縣知事の協議調はざるときは其監督權を有する內務大臣及大藏大臣に於て之を定むるものとす

第三項は鑛區稅を分割賦課する規定にして鑛山又は砂鑛區の區域は擴大にして多くは一府縣の管轄內に留まらず他府縣へも渉るもの多し斯る場合には鑛區稅又は砂鑛區稅の附加稅を賦課するには鑛區又は砂鑛區の關係府縣に屬する丈けの地表の面積に依りて決定し本稅額の歩合を定め各其の一部分丈けづゝに課することゝせり

第百九條　府縣稅賦課ノ細目ニ係ル事項ハ府縣會ノ議決ニ依リ關係市町村會ノ議決ニ付スルコトヲ得

市町村會ニ於テ府縣會ノ議決ニ依リ定マリタル期限內ニ其議決ヲ爲サヽルトキ若ハ不適當ノ議決ヲ爲シタルトキハ府縣參事會之ヲ議決スヘシ

（說明）　一項　府縣稅の賦課法は素より府縣會の議決す可きものなりと雖も本

條府縣內各市町村內に於て徵收する府縣稅賦課の細目に係る事項を關係市町村會の議決に付することを得べきものとなしたるは其細目に至りては直接の關係を有する市町村會は土地の狀況により各市町村人民生計の有樣に從ひ宜しく斟酌をなすべく畢竟實際上の便宜を得せしめんが爲なり一例を示せば戶數割を賦課するに當り府縣會は唯其市町村に於て徵收す可き總額のみを定めて其餘細目の議決を市町村會に委任し市町村會は納稅者の貧富若くは家屋の大小に依りて之れを數等に別ち每等若干の納額と定め其總額を府縣會指定の金額に充たしむるの類なり要するに市町村內の實況を知悉せるは市町村會に如かざるを以て最も實際に適當せしむるの便益あるを以てなり

二項　第一項の規定に依り府縣會より府縣稅賦課の細目に係る事項を市町村會の議決に委任せられたる場合にその指定せる期日內に議了せざるとき若くは不適當の議決を爲したるときは府縣の出納に障害を釀すを以て府縣參事會之を議決す可きものとなしたり是れ府縣參事會の職務權限を定めたる第六十八條の第

七に規定せる其他法律命令により府縣參事會の權限に屬する事項の一なりとす

第百十條 府縣稅ヲ賦課スルコトヲ得サルモノニ關シテハ法律勅令ヲ以テ別段ノ規定ヲ設クルモノヲ除ク外市町村稅ノ例ニ依ル

（說明） 府縣稅を賦課することを得ざるものに關しては法律又は勅令を以て別段に規定を設けあれば其法令に依るべきは素よりなりと雖も其他は市町村稅免除の規定を適用す可きものとせり今參照に便ならしむる爲め市町村制の規定を左に掲げん

市制第百二十一條 所得稅法第五條ニ掲クル所得ニ對シテハ市稅ヲ賦課スルコトヲ得ス

神社寺院祠宇佛堂ノ用ニ供スル建物及其ノ境內地竝敎會所說敎所ノ用ニ供スル建物及其ノ構內地ニ對シテハ市稅ヲ賦課スルコトヲ得ス但シ有料ニテ之ヲ使用セシムル者及住宅ヲ以テ敎會所說敎所ノ用ニ充ツル者ニ對シテハ此ノ限ニ在ラス

國府縣市町村其ノ他公共團體ニ供スル家屋物件及營造物ニ對シテハ市稅ヲ賦課スルコトヲ得ス但シ有料ニテ之ヲ使用セシムル者及使用收益者ニ對シテハ此ノ限リニ在ラス國ノ事業又ハ行爲及國有土地家屋物件ニ對シテハ國ニ市稅ヲ賦課スルコトヲ得ス

前四項ノ外市稅ヲ賦課スルコトヲ得サルモノハ別ニ法律勅令ノ定ムル所ニ依ル

町村制第百一條は市制に同し

第百十一條 府縣內ノ一部ニ對シ特ニ利益アル事件ニ關シテハ勅令ノ定ムル所ニ依リ不均一ノ賦課ヲ爲スコトヲ得

（說明） 租稅は公平なる可くして決して不均一なる可からざるものなり然れども本條規定する如き地方の一部と他の部分と甚しき厚薄あり例へば市部と郡部とは其狀況異なるにより或費用に付ては其利益の關係非常に異なるが如き或る河水の如き其沿岸人民は是れによりて灌漑其他非常の便あり又堤防の堅固なる

と然らざるとは生命財産に直接大關係を有するも遠方なる地方に於て間接の關係を有するに止まり其利益至て少なし斯る場合に於いて同一の負擔を爲さしめ難きものあるときは其特に利益ある地方の負擔を增加せしむるの必要を生ず然して其事件に關して府縣會に一任するときは或は其利益關係異なるより多數者は少數者を壓し自然賦課等不穩當のことなきを保せず故に勅令の定むる所によりて不均一の賦課を爲すことを得るものとなしたるなり

第百十二條 府縣ハ其ノ必要ニ依リ夫役及現品ヲ府縣内一部ノ市町村其ノ他公共團體若ハ一部ノ納税義務者ニ賦課スルコトヲ得但シ學藝美術及手工ニ關スル勞役ヲ課スルコトヲ得ス

夫役及現品ハ急迫ノ場合ヲ除ク外金額ニ算出シテ賦課スヘシ

夫役ヲ課セラレタル者ハ其便宜ニ從ヒ本人自ラ之ニ當リ又ハ適當ノ代人ヲ出スコトヲ得又夫役及現品ハ急迫ノ場合ヲ除ク外金錢ヲ以之ニ代フルコトヲ得

（説明） 前條に述べたる如く府縣内の或る部分に對し特に利益ある事件に關す

る等其一部の納税義務者に其工事に必要なる人夫及竹木土砂藁繩の類を其關係市町村其の他公共團體に賦課するは夫役現品は土木事業に必要なると近傍人民の容易に應ずるの便利あること少しとせず故に本條は斯かる場合に處する便宜の法を設けたるなり然れども學術、美術及手工に關する如き專門の技能は其人に對し特に苛酷なるものなるを以て賦課することを得ざるなり
夫役及現品は洪水の爲堤防破壞に際し之れか防禦を爲すに人夫土砂竹木を要し金錢を賦課し人夫を雇入れ現品を購求する如き緩慢なる手續にては其時機を失する等其他急迫なる場合の外は金錢に算出し例へば夫役一人此賃金三十錢竹一束此代金二十五錢となす等金錢現品何れにても納税者の隨意にせしむる等便宜を圖りて賦課す可きものとす
夫役を課せられたる者は都合に依り本人自ら其事に當るも又は相當の代人を出たし其業を爲さしむることをも得せしめたり是れ其事に不便を感ぜざるに必ずしも本人をして爲さしむるの必要なきを以てなり、又夫役及現品の需用急迫な

る場合の外は金錢を以て代納するも納税事務者の便宜に任ぜしめたり

第百十三條 府縣税ノ減免若ハ納税ノ期延ハ特別ノ事情アル者ニ限府縣知事ハ府縣參事會ノ議決ヲ經テ之ヲ許スコトヲ得

(説明) 本條は府縣税の減免若くは延期に關する規定にして府縣税の減額をなし其負担を免除し若くは納税期日の猶豫を與ふる等の事柄は特別の事情(例せば風火旱損水害等非常の災厄を蒙り生計を營むこと能はざる如き)ある場合に限りて府縣知事は府縣參事會の議決を經て之れを許可す可きことを規定したり

第百十四條 市制施行ノ府縣ニ於テハ郡廳舍建築ノ修繕費及郡役所費ハ郡ニ屬スル部分ノ負擔トス

(説明) 郡廳舍建築修繕費及郡役所費は斯法第百二條の規定により其府縣の負擔たる可きものなるも市制施行の府縣に於ても市は郡に對し獨立の地位を有し別に一個の團體を爲すを以て市に關係なき郡廳に係る經費は市を除き郡に屬する部分の負擔に任ぜしむ可きものとす

第百十五條　府縣稅ノ賦課ヲ受ケタル者其賦課ニ付違法若ハ錯誤アリト認ムルトキハ徵稅令書又ハ徵稅傳令書ノ交付後三箇月以內ニ府縣知事ニ異議ノ申立ヲ爲スコトヲ得

第百三條第二項ノ場合ニ於テ市町村ニ府縣費ノ分賦ニ關シ違法若ハ錯誤アリト認ムルトキハ其ノ告知ヲ受ケタル時ヨリ三箇月以內ニ府縣知事ニ異議ノ申立ヲ爲スコトヲ得

前二項ノ異議ハ之ヲ府縣參事會ノ決定ニ付スヘシ其決定ニ不服アル者ハ行政裁判所ニ出訴スルコトヲ得

使用料及手數料ノ徵收ニ關シテモ亦第一項及第三項ノ例ニ依ル

本條ノ決定ニ關シテハ府縣知事郡島ノ官吏吏員市町村吏員ヨリモ亦訴訟ヲ提起スルコトヲ得

（說明）　本條は府縣稅の賦課に對する異議申立に關する規定なり一項府縣稅の賦課を受けたる者其の賦課に付法に違ひ若くは誤謬ありと思料するときは其徵

税令書又は徴税傳令書は交付を受けたるより三ヶ月以内に府縣知事に異議の申立を爲すことを得るものとす

二項　第百三條二項則ち府縣に於て勅令の定むる所に依り其の費用を市町村に分賦したる場合に於て違法若くは錯誤ありと認むるときも同様のことゝせり

三項　前二項の異議の申立は知事之れを府縣參事會の決定に付す可く其決定に不服あれば行政裁判所に訴訟を提起することを得るものとす是れ亦第六十八條第七に規定せる府縣參事會の權限の一なり

四項　府縣の使用料及手數料の徴收に關しても一項及三項の例に依るべきなり

五項　本條第三項の府縣參事會の決定に關しては府縣知事郡島の官吏市町村吏員よりも亦行政訴訟を提起することを得るものとせり

第百十六條　府縣税ノ賦課ニ關シ必要アル場合ニ於テハ當該行政廳ハ日出ヨリ日沒マテノ間營業者ニ關シテハ仍其營業時間家宅ニ臨檢シ又ハ帳簿物件ノ檢査ヲ爲スコトヲ得

府縣稅使用料手數料夫役現品ニ代フル金錢過料其ノ他府縣ノ收入ヲ定期內ニ納メサル者アルトキハ國稅滯納處分ノ例ニ依リ之ヲ處分スヘシ

前項徵收金ノ先取特權ノ順位ハ國ノ徵收金ニ次クモノトス府縣ノ收入金及支拂金ニ關スル時効ハ其年度經過後五年ヲ以テ完或ス但シ府縣債ニ付テハ國債ノ例ニ依ル

第二項ノ場合ニ於テ郡島ノ官吏吏員又ハ市町村吏員ノ處分ニ不服アル者ハ府縣參事會ニ訴願シ其ノ裁決又ハ府縣知事ノ處分ニ不服アル者ハ行政裁判所ニ出訴スルコトヲ得

前項ノ裁決ニ關シテハ府縣知事郡島ノ官吏吏員又ハ市町村吏員ヨリモ亦訴訟ヲ提起スルコトヲ得

本條第二項ノ處分中差押物件ノ公賣ハ處分ノ確定ニ至ルマテ執行ヲ停止ス

（說明）　第一項は當該行政廳は府縣稅の賦課に關し必要なる場合は家宅臨檢又は帳簿物件の檢査を爲すことを得る旨を定めたるなり其日出より日沒までに限

るは安息を妨けさらんか爲めにして營業者は其時間中は斯る憂なきによる然して日出日沒は暦に依らすして土地の狀況により實際の日出日沒を指したるものならん

第二項は怠納者の處分法を定めたるものにして總て府縣の收入を其定められたる期限內に納めさる者あるときは國稅怠納處分法を適用して處分すへきことゝせり

第三項は府縣稅の先取特權の順位を定めたるものにして府縣稅は國の徵收金に次き他の債權に先立ちて取立つる權利あるなり

第四項は府縣に於ての收入金及支拂金に時效にして府縣稅の不足を追徵し殘餘を返還する場合及支拂金に關する權利義務は其起りし年度經過後五年を以て時效に罹り消滅す但し府縣にて發行したる府縣債に就ては國庫債劵の例に依るなり

第五項は納稅義務者にして國稅滯納處分法に依り處分をなさんとする郡島官吏

吏員市町村吏員の取扱に不服ある時は府縣參事會に訴願し得べく府縣知事の取扱ひに不服あるものは行政裁判所に訴出づることを得べきなり

第六項は第五項の裁決に關して府縣知事郡島の官吏吏員市町村吏員等不服あるものは行政裁判所へ訴を起すことを得るなり

第七項は第二項の處分法に付き訴願訴訟等の提起ありたるときは結局確定するまでは執行を停止す可きなり然らざれば違法の處分なるやも未だ知る可からざるに直に執行するものとせば訴願訴訟を許したる精神に反するを以てなり

第百十七條 府縣ハ其ノ負債ヲ償還スル爲又ハ府縣ノ永久ノ利益ト爲ルヘキ支出ヲ要スル爲又ハ天災事變等ノ爲必要アル場合ニ限リ府縣會ノ議決ヲ經テ府縣債ヲ起スコトヲ得

府縣債ヲ起スニ付府縣會ノ議決ヲ經ルトキハ併セテ起債ノ方法利息ノ定率及償還ノ方法ニ付議決ヲ經ヘシ

府縣ハ豫算內ノ支出ヲ爲ス爲本條ノ例ニ依ラス府縣參事會ノ議決ヲ經テ一時ノ借

入金ヲ為スコトヲ得

（說明）　本條は府縣債を起すに關する規定なり

一個人なると府縣なるとを論せず非常の場合に遭遇し巨大の費用を要するとき又大事業を計畫して子孫永久の利益を計るときは普通の收入を以て應すること能はざるは勿論にして府縣の如きは府縣稅の財源ありと雖も一時に急激の增稅を課するは人民の產業を害し殖產興業を妨け遂に財源を涸渇するの恐れなきを保せす又一時巨大の支出を要するは概ね其効果を後年に見る可きものなれは悉く現時の人民に負擔せしむるは現時の人民獨り重稅に苦しみ其効果は專ら後年の人民に歸するは妥當ならさる所あるを以て負債を爲して數十年間に割合償還するは負債を平均し便宜穩當の處置なりと言はさる可からす然れとも償却の日數不確なるに拘はらす濫に公債を起すときは益財政を紊亂して禍を子孫に遺し亦救ふ可からさるに至る慮あるは個人も自治體に於けるも一樣なりとす其始めて愼まさる可からさること論なきなり故に本條にも起債の權能を附與すると同

時に其場合を制限せり今其場合如何と云ふに

一　舊債の償還を爲すとき

是れ既に債務を負へるものは素より償還せさる可からす然して初め六朱の利子を以て借りたるものか五朱にて公債を募集することを得るか如き場合等更に公債を起すことを得るは當然なり

二　府縣永久の利益と爲るへき支出を要するとき

例へは鐵道布設瓦斯電氣燈設置の如き又は道路改修河川改修等の如し

三　天災事變等の爲め必要なるとき

例へは洪水震災疫病等不慮の事變に遭遇し例年に比し數倍の費用を要し到底一時に賦課することを得さる場合の如し

以上三個の場合は府縣會の議決を經て府縣債を起すことを得るものとす

二項　府縣債を起す議決を爲すときは其起債の方法則ち一個人より借入するか會社銀行等より借入するか又は廣く公衆に募集するか又其募集額百圓に付き幾

何等及ひ利息は幾分となし又償還の方法幾年の後一時に返還する事年賦償還する等の方法に付併せて議決す可きものとす

三項　豫算内の支出を爲すか爲め必要なる一時の借入金は府縣の負債に相違なしと雖も前述べたるものとは其性質を異にして全く年度内の收入を以て償還をなすものにして畢竟一時の融通に過ぎざれば本條の例に依らず府縣會の議決を要せずして府縣參事會の議決を經るを以て足れりとす

第二欵　歳入出豫算及決算

第百十八條　府縣知事ハ毎會計年度歳入出豫算ヲ調製シ年度開始前府縣會ノ議決ヲ經ヘシ

府縣ノ會計ハ政府ノ會計年度ニ同シ

豫算ヲ府縣會ニ提出スルトキハ府縣知事ハ併セテ財産表ヲ提出スヘシ

（說明）　本條は府縣知事の豫算調製に關する規定にして府縣知事は毎年度會計の收支豫算表を調製し其年度開始する前に府縣會の議決を經ざるべからず

府縣の會計年度は政府の會計年度と同じく其年四月一日に始まり翌年三月三十一日に終はるものとす

又知事は豫算を府縣會に提出するときには併せて財産表を提出し府縣の資産の狀況を知得せしめ以て豫算を討議するの參考に資す可きなり

第百十九條 府縣知事ハ府縣會ノ議決ヲ經テ既定豫算ノ追加若ハ更正ヲ爲スコトヲ得

（說明） 豫め翌年度の收支を定むるものを通常豫算と云ひ其一年度內に通常豫算にして不足を生ずるとき追加するを追加豫算と云ふ知事は府縣會の議決を經て其前に取極めある豫算に追加し又は其既に定まりある豫算の模樣替を爲すことを得るものとす

第百二十條 府縣費ヲ以テ支辨スル事件ニシテ數年ヲ期シテ施行スヘキモノ又數年ヲ期シテ其ノ費用ヲ支出スヘキモノハ府縣會ノ議決ヲ經テ其ノ年期間各年度ノ支出額ヲ定メ繼續ト爲スコトヲ得

（説明）　本條は繼續費を設くることを定めたるものにして府縣費を以て支辨する事件にして數年を期して施行す可きもの又數年を期して其費用を支出す可きもの例は疏水築港等の如き大事業は初年の會議に於て其總額幷に各年度の支出額を定め其定期間は更に議會に付するに及ばず年々若干の支出を以て繼續費と爲すことを得ることとなしたり

第百二十一條　豫算外ノ支出若ハ豫算超過ノ支出ニ充ツル爲豫備費ヲ設クヘシ但シ府縣會ノ否決シタル費途ニ充ツルコトヲ得ス

（説明）　本條は豫備費に關する規定にして豫算は一年間の支出を見積りたるものなるも實際の場合に際し物價の變動又は不時の出來事により不足を生ずることなしとせず此かる場合に當り僅少の事に至るまで常に臨時會を開くは其煩に堪へず故に本條を設け豫算外の支出則ち豫算を議定する際其見積りあらざる事件の爲若くは豫算額にて不足を生じたるときの支出に充つる爲め豫備費を設け斯る場合の準備に供せしめたるなり

豫備費は以上の如く實際已むを得ざるに出でたる費用支辨の方法に止まるものなれば府縣會の否決したる事件の費途には豫備費を以て支出することを得ず是れ豫算超過の支出にもあらず又豫算外の支出にも屬せず若し之を許さんか議決の効力は全く水泡に歸し議會の効力は空權に屬す可きを以てなり

第百二十二條　豫算ハ議決ヲ經タル後直ニ之ヲ內務大臣ニ報告シ竝其ノ要領ヲ報告スヘシ

（說明）　本條豫算は議決を經たる後直に內務大臣に報告するは內務大臣は府縣自治の監督者なるを以て其監督の便に供へんが爲めにして其要領を告示す可きは收支の大體を知らしめんが爲めなり

第百二十三條　府縣知事ハ議決ヲ經テ特別會計ヲ設クルコトヲ得

（說明）　本條は特別會計を設くるを得ることを規定したるものにして知事は府縣會の議決を經て或る事業に對し經常豫算と別途に收支するの會計法を設くることを得るものとせり

第百二十四條　決算ハ翌々年ノ通常會ニ於テ之ヲ府縣會ニ報告スヘシ
府縣知事ハ決算ヲ府縣會ニ報告スル前府縣參事會ノ審査ニ付スヘシ若府縣參事會ト意見ヲ異ニスルトキハ府縣知事ハ府縣參事會ノ意見ヲ決算ニ添ヘ府縣會ニ提出スヘシ
決算ハ之ヲ内務大臣ニ報告シ竝其ノ要領ヲ示スヘシ
（説明）　本條は決算の報告に關する規定にして決算は翌々年の通常會に於て其實跡を府縣會に報告す可きものとす是れ豫算は畢竟見積りに過ぎざるを以て其結果如何等を知らしめざるを以てなり
二項　府縣知事は第一項により決算を府縣會に報告する前先づ府縣參事會の審査に付し以て參事會の意見を徵せざる可からず然して府縣知事は府縣參事會と意見一致せざるときは知事は府縣參事會の意見を決算に添付して之れを府縣會に提出す可きものとす
三項　決算は之れを内務大臣に報告し其要領を告示す可きは百二十二條に依り

豫算を報告幷に告示す可きものなれば決算亦同一の手續を爲し其結果を知らしむ可きものとなしたるなり

第百二十五條 豫算調製ノ式竝費目流用其ノ他財産ニ關スル必要ナル規定ハ内務大臣之ヲ定ム

（說明） 本條は豫算表を調製する方式幷に甲費目の過剩の乙費目の不足に充當する如き流用に關すること其他凡て府縣の財務を整理するに必要なる規定は監督者たる内務大臣之を定む可きものとす

第百二十六條 府縣出納吏府縣吏員ノ身元保證及賠償責任ニ關スル規定ハ勅令ヲ以テ之ヲ定ム

（說明） 本條は府縣吏員の身元保證人の方法例へば保證を立て或は擔保金額を豫納せしむる等及自己の過失より府縣に損害を被らしめたるとき其賠償の責任に關する法則は勅令を以て之を定むるものとせり

第五章ノ二　府縣組合

（說明）從來の郡市町村に於ける公共組合の實績に鑑み府縣にも亦之れを適用し特別の目的の爲に地方自治の必要に應じ關係府縣と協議の上行政機關を組織することを規定したり以て學校其他衛生沿道等の公共的設備を行はしめ郡市町村の施設と相俟て之れが設備を期すべくなせり是れ本章の發布されたる所以なり

第百二十六條ノ二　府縣ハ其ノ事務ノ一部ヲ共同處理スル爲其協議ニ依リ規約ヲ定メ內務大臣ノ許可ヲ得テ府縣組合ヲ設クルコトヲ得

（說明）　本條は府縣組合の設置手續を規定したるものにして府縣は或る事務の一部分即ち道路、學校及衛生設備等の事務に關して其事務を共同にて處理する場合は地方自治發達上利益多きときは協議をなし規約を定めて內務大臣の許可を得て府縣組合を設置することを得るものとせり

第百二十六條ノ三　府縣組合ノ規約ニハ其ノ名稱組合ヲ組織スル府縣組合ノ共同事務組合會の組織事務の管理費用ノ支辨方法其ノ他必要ナル事項ヲ定ムヘシ

府縣組合ノ事務ハ內務大臣ノ指示シタル府縣知事之ヲ管理ス

（說明）　本條は府縣組合に關する規約及び管理方法等を定めたるものなり府縣組合の規約には其組合の名稱、府縣組合を組織したる共同の事務、組合の議事機關として約合會を設けたる組織、又は組合費の負擔は關係府縣にて如何なる割合を以て分擔すべきや其支辨方法等其の組合に關係ある事項を定むる可しとなせり

府縣組合には理事機關として管理者を置き內務大臣の指定したる府縣知事に依り其の事務を管理することとせり

第百二十六條ノ四　府縣組合ノ組合府縣數ヲ增減シ共同事務ノ變更ヲ爲シ其ノ他規約ヲ變更セムトスルトキ又ハ府縣組合ヲ解カムトスルトキハ關係府縣ノ協議ニ依リ內務大臣ノ許可ヲ受クヘシ此ノ場合ニ於テ財產處分ヲ要スルトキハ其ノ財產處分ニ付亦同シ

（說明）　府縣組合及規約の變更又は解散等の場合を規定したるものにして組合

關係府縣數を增減し又は其共同處理する事務の變更、規約の變更を爲さんとするとき又は組合を解散せんとするときは其關係府縣と協議を遂げ各關係府縣の同意を得然る後內務大臣の許可を受くべきなり斯る場合に際し府縣組合の財産の處分を要するときも矢張り關係府縣と協議の上內務大臣の許可を經ること前と同様なりとす

第百二十六條ノ五　前三條ノ場合ニ於テハ府縣知事ハ府縣會ノ議決ヲ經ルコトヲ要ス

（說明）　府縣組合に對する府縣會の權限を規定したるものにして前述の如き何れもの事項發生したるときは其各關係府縣の知事は府縣會に提出して其議決を經ざる可からざるものとせり

第百二十六條ノ六　公益上必要アル場合ニ於テハ內務大臣ハ關係アル府縣會ノ意見ヲ徵シ府縣組合ヲ設ケ若ハ之ヲ解キ組合規約ヲ定メ若ハ之ヲ變更シ又ハ財産處分ノ方法ヲ定ムコトヲ得

（説明）　府縣組合に對する內務大臣の權能にして內務大臣に於て公益上必要ありと認めたる場合には其關係ある府縣會の意見を聞きたる上府縣組合を設け又は之を解散せしめ若くは組合規約を決定し又は之を變更する等或は解散の場合の財產の處分方法を定むる等の權能を規定したるものなり

第百二十六條ノ七　府縣組合ニ關シテ法律勅令中別段ノ規定アル場合ヲ除ク外府縣ニ關スル規定ヲ準用ス但シ府縣組合ニハ參事會ヲ置カス其ノ權限ニ屬スヘキ事項ハ組合事務ヲ管理スル府縣知事之ヲ行フ

（説明）　府縣組合に關しての法律の準用の規定及び組合管理者の權限を規定したるものなり

府縣組合の總ての事項に關しては法律勅令中に別段の規定を設けある場合を除く外府縣に關する規定に依り即ち組合會を設くる場合には組合員の選擧には府縣會の選擧法を用ゆる等の例に依るなり但し府縣組合には參事會を置かずして其の參事會の權限に屬する事項に就ては組合事務を管理する府縣知事に於て之

を處理する責任あるものとなせり

第六章　府縣行政の監督

（說明）　府縣は自治團體なりと雖も所謂自治と稱するは國家より認許せられたる範圍內に於て團體公共の事務を自ら施行するに止まりて團體の施行する行政は則ち國家間接の行政たるに外ならずして國家より獨立分離したる權力團體たるにあらず其團體は法人にして一定の制限內に於て自己の經濟を自營するの權能を有するも國家は其上に在りて之れが監督をなすなり本章は則ち府縣行政の監督者及其監督を行ふべき條規を定めたるなり

第百二十七條　府縣ノ行政ハ內務大臣之ヲ監督ス

（說明）　本條は府縣行政の監督者を定めたるものにして內務大臣を以て地方自治行政の監督者となしたり是れ內務は府縣の行政に關係する所最も多く府縣の行政に直接の關係あり且地方長官を監督する內務大臣に其自治府に對して亦監督をなすべきものとするは穩當にして且つ便利なるを以てなり

第百二十八條 異議ノ申立ニハ訴願ノ提起ハ處分ヲ受ケ又ハ決定書若ハ裁決書ノ交付ヲ受ケタル日ヨリ二十一日以内ニ之ヲ爲スヘシ但シ本法中別ニ期間ヲ定メタルモノハ此ノ限ニ在ラス

行政訴訟ノ提起ハ處分ヲ受ケ又ハ決定書若ハ裁決書ノ交付ヲ受ケタル日ヨリ三十日以内ニ之ヲ爲スヘシ

決定書又ハ裁決書ノ交付ヲ受ケサル者ニ關シテハ前二項ノ期間ハ告示ノ日ヨリ起算ス

異議ノ申立ニ關スル期間ノ計算ニ付テハ訴願法ノ規定ニ依ル

異議ノ申立ハ期限經過後ニ於テモ宥恕スヘキ事由アリト認ムルトキハ仍之ヲ受理スルコトヲ得

異議ノ決定ハ文書ヲ以テ之ヲ爲シ其ノ理由ヲ附シ之ヲ申立人ニ交付スヘシ

此ノ法律ニ規定スル異議ノ申立書若ハ訴願ノ提起ニ關スル期間ノ計算竝天災事變ノ場合ニ於ケル特例ニ付テハ民事訴訟法ノ規定ヲ準用ス

異議ノ申立アルモ處分ノ執行ハ之ヲ停止セス但シ行政廳ハ其ノ職權ニ依リ又ハ關係者ノ請求ニ依リ必要ト認ムルトキハ之ヲ停止スルコトヲ得

（説明） 本條は異議訴願及び出訴の手續を規定したり

一項は異議及び訴願の期限を定めて此の法律に規定する異議若くは訴願をなすには處分を受け又は決定書若くは裁決書の交付を受けたる日より二十一日以内に提出す可きものとせり（異議とは府縣知事に申立つるを言ひ其斷定宣告を決定とし訴願とは府縣參事會及内務大臣に對し審理を求むるを云ひ其斷定宣告を議決と云ふ）乍併此の法律中別に期限を定めたるものは其期限によるは勿論なり一例を示せば第百十五條に三箇月以内に云々と規定せる如し

二項は行政訴訟の期限を定めて此の法律に規定せる行政訴訟は處分を受け又は決定書若くは裁決書の交付の日より三十日以内に提起す可きものとせり

三項は交付を受けざる者に關する期間の起算日を定め前二項の期間を告示の日より計算す可きものとす

四項は期間の計算に關する規定にして異議訴願の期間計算は訴願法の規定に依る可きものとせり

五項は期限經過後の訴願規定にして期限經過後と雖も行政廳にて宥恕すべき理由ありと認むるときは受理することを得と規定せり

六項は異議の決定に關する方式を定めて文書を以てし其理由を付し決定の告知方法を定めて異議申立人に交付す可きものとせり

七項は異議訴願の提起に關する期間の計算天災事變の場合に於ける特例は民事訴訟法の規定を準用す可きものとしたり(同法第一編第三章第三編第四節參照)

八項は處分の執行停止に關する規定にして處分執行の停止は其行政廳は關係者の請求に依るか又は職權に依りても必要と認むる場合に限りて執行を停止することを得るものとせり

第百二十九條 內務大臣ハ府縣行政ノ法律命令に背戾セサルヤ又ハ公益ヲ害セサルヤ否ヲ監視スヘシ內務大臣ハ之カ爲行政事務ニ關シテ報告ヲ爲サシメ書類帳簿ヲ

シ竝實地ニ就キ事務ヲ視察シ出納ヲ檢閲スルノ權ヲ有ス

內務大臣ハ府縣行政ノ監督上必要ナル命令ヲ發シ處分ヲ爲スノ權ヲ有ス

（說明）第百二十七條に規定せる如く內務大臣は府縣行政の監督者なるを以て府縣行政の法律に背反せざるや又は公益を害せざるや否やを監視し其違法不便益の處置あれば其矯正を命じ又は行政事務に關して報告を爲さしめ書類帳簿を徵し又は自己又は主務の官吏をして實地に出張せしめ其事務錯亂澁滯せざるや否や等の寛況を視察し其出納を檢査するの權を有す

又內務大臣は府縣行政の監督上必要なる命令を發し處分を爲すの權を有するは監督權を有する當然の結果なりとす

第百三十條　內務大臣ハ府縣ノ豫算中不適當ト認ムルモノアルトキハ之ヲ削減スルコトヲ得

（說明）本條は內務大臣の監督權より湧出したるものにして內務大臣は府縣の豫算中穩當ならざる費目不相當の費額等不適當と見認むるものあるときは之を

削除し又は減額することを得るものとす

第百三十一條 内務大臣ハ勅裁ヲ經テ府縣會ノ解散ヲ命スルコトヲ得

府縣會解散ノ場合ニ於テハ三箇月以内ニ議員ヲ選擧スヘシ

解散後始メテ府縣會ヲ招集スルトキハ府縣知事ハ第十五條第二項ノ規定ニ拘ラス內務大臣ノ許可ヲ得テ別ニ會期ヲ定ムルコトヲ得

（說明） 已に述べ來りたるが如く内務大臣は府縣行政の監督權を有するも府縣會の解散は一時自治機關の運轉を停止せしむるの結果を來たすものなるを以て民權發揚自治尊重の今日に於て一內務大臣の專斷を以て斯る重大なる權力を行使せしむ可けんや故に手續を鄭重にして天皇陛下の御裁可を受けて始めて解散し得可きものとし輕忽に出でざらしめたり

前述の如くして府縣會解散を命ぜられたる場合に於ては府縣知事は三箇月以内に議員を選擧せしむ可きものとす

解散後始めて府縣會を招集するときは知事は第五十條第二項則ち通常會は三十

日以内臨時會は七日以内の規定に依るを要せず内務大臣の許可を得て別に十日或は廿日等其議案に相當せる會期を適宜に定むることを得るものとす

茲に疑問を生ずるは本條による會議の名稱は通常會なるか將た臨時會なるかの問案是れなり第五十條によれば此二種の外名稱なし而して各其權限、會期、招集の手續等規定ありて本條の會議は其何れにも相當せず一種特別のものなるより特別會と稱せんか法文上此かる名稱を付する能はざるべし或は通常會の解散後は通常會と稱し臨時會の解散後の會議は臨時會と稱するも通常會は一度に限り臨時會と稱するも衝突を免かれざる規定あるを如何せん然らば結局本會の名稱如何にして可なるかと言へば余輩は府縣制第百三十一條に依る會議と稱せんのみ

第百三十二條　府縣吏員ノ服務規律ハ内務大臣之ヲ定ム

（説明）　本條は府縣吏員の職務と推擧すべき規則は内務大臣に於て定むることを規定したるに過ぎず

第百三十三條　左ニ揭クル事件ハ内務大臣ノ許可ヲ受クルコトヲ要ス

一　學藝美術又ハ歷史上貴重ナル物件ヲ處分シ若ハ大ナル變更ヲ爲ス事

二　使用料手數料ヲ新設シ增額シ又ハ變更スル事

三　不動產ノ處分ニ關スル事

四　繼續費ヲ定メ若ハ變更スル事

（說明）　本條に規定せる事項は何つれも事の重大なるを以て苟も失策なからしめんがため監督者たる內務大臣の許可を受くべきものとなしたるなり

一　學藝美術又は歷史上貴重なる物件を賣買交換贈與等をなし若くは舊狀を減却する等大なる變更を爲す事は回復し難く影響の及ぼす所少々ならざるを以てなり

二　使用料手數料を新に設け又は從來設けあるものを增額し又は變更する事は何づれも一部のものを徵收するものなるによる

三　不動產は通常高價のものにして府縣永久の資財なるを以て之れが處分は大

に考究を要す可きものなるを以てなり

四　繼續費は府縣會計に應ずる連年の責務を設定するものにして深思熟慮以て他日の悔を殘す可からず又既に定めたる繼續費半途に變更するは亦利害得失の深く考ふ可きものなるにより共に許可を受く可きことゝなしたるなり

第百三十四條　府縣債ヲ起シ又ハ起債ノ方法利息ノ定率若ハ償還ノ方法ヲ定メ若ハ變更セムトスルトキハ内務大臣ノ許可ヲ受クヘシ但シ第百十七條第三項ノ借入金ハ此ノ限ニ在ラス

一　地租三分ノ一ヲ超過スル附加税ヲ賦課スル事但シ法律勅令中別段ノ規定アル場合ハ此ノ限ニ在ラス

二　法律勅令ハ規定ニ依リ官廳ヨリ下渡ス歩合金ニ對シ支出金額ヲ定ムル事

（説明）　新に府縣債を起す場合起債の方法利息の定率若は償還の方法に關し又は變更せむとするときは内務大臣の許可を要することゝなしたるなり但し第百十七條第三項に規定せる豫算内支出の爲め一時融通上より借入を爲すに過ぎざ

るものは許可を要せざるなり

二　地租は國家の一大財源にして之に過分の附加税を賦課するときは地主を困弊に陷れ遂に國家の財源を涸渇せしむるの恐れあるを以て地租三分一を超過する附加税を賦課せんとするときは内務、大藏、兩大臣の許可を要するなり乍併法律勅令中別段の規定ある場合は素より其規定に依る可きなり

三　法律勅令に依て規定せられたる國庫補助金は府縣費との聯帶支辨に係る事件に對し府縣支出の金額を議決するときは直接國庫の豫算に影響し他人の給與を仰くに當り自ら其の額を定むるは恰も府縣會に於て國庫の支辨を議決したると同樣の結果を生ずるが故に豫め内務大藏兩大臣の許可を要する事となしたるなり

第百三十五條　府縣ノ行政ニ關シ主務大臣ノ許可ヲ要スヘキ事項ニ付テハ主務大臣ハ許可申請ノ趣旨ニ反セスト認ムル範圍内ニ於テ更正シテ許可ヲ與フコトヲ得

（說明）　本條は主務大臣の許可を要す可き事項（例へば第百三十三條第百三十

四條に規定したる如き）にして主務大臣に於て許可の申請に對し其趣旨に反せすと認むる範圍內に於ては其申請を多少修正を加へて許可を與ふることを得ることを規定したり

第百三十六條 府縣ノ行政ニ關シ主務大臣ノ許可ヲ要スヘキ事項中其輕易ナルモノハ勅令ノ規定ニヨリ許可ヲ經スシテ處分スルコトヲ得

（說明） 本條は府縣行政に就て主務大臣の許可を受くべき事項中にも實に輕易のものあるべし斯る場合にも一々許可を受くるとせば煩に堪へずして亦些々たる事は嚴重に監督するの必要もなきものなるを以て勅令の規定する所に從ひ許可を經ずして處分することを得ることを規定したるなり

第七章　附　則

（說明） 附則は舊制より新制に更變するに當り一時缺くべからざるもの其他本法を實施するに付て要する附帶の要件を明示したるものにして他の法律命令との關係及び其適用を列示したるなり

第百三十七條 此ノ法律ハ明治二十三年法律第三十五號府縣制ヲ施行シタル府縣ニハ明治三十二年七月一日ヨリ之ヲ施行シ其ノ他ノ府縣ニ關スル施行ノ時期ハ府縣知事ノ具申ニ依リ内務大臣之ヲ定ム

（說明） 本條は從來府縣制を實施したる府縣は本年七月一日より本制を施行し其他の地方は府縣知事の具申を俟て内務大臣其施行期日を定む可きものとなしたり是れ舊府縣制を施行せらる地には郡制をも施行せざるものあるを以て準備の如何を見て施行日を定むるの要あるを以てなり

第百三十八條 島嶼ニ關スル府縣ノ行政ニ付テハ勅令ヲ以テ特例ヲ設クルコトヲ得

町村制ヲ施行セサル島嶼ヨリ選出スヘキ府縣會議員ノ選擧ニ關スル事項ハ勅令ノ定ムル所ニ依ル

（說明） 本條島嶼に關する行政選擧に關する事項等を勅令を以て定むる所以は島嶼は本土と大に事情を異にし一律に論ず可からざるものあるを以てなり

第百三十九條 法律命令中別段ノ規定アルモノヲ除ク外此ノ法律ニ規定スル郡長ノ職務ハ島司ヲ置ケル島嶼ニ於テハ島司之ヲ行ヒ町村長ノ職務ハ町村制ヲ施行セサル地ニ於テハ戸長又ハ之ニ準スヘキ者之ヲ行フ

（說明） 本條郡長の職務は島司之を行ひ町村長の職務は戸長之を行ふは其地に郡長町村長なく然して郡長と島司町村長戸長とは其地位相同しきものなるを以てなり

第百三十九條ノ二 第四十九條及第七十六條ノ規定ニ依ル府縣知事ノ職權ハ東京府ニアリテハ警視總監亦之ヲ行フ

（說明） 本條は警視總監の權限にして東京府にありては第四十九條第七十六條の規定に依る職權に付ては警視總監も亦之を行ふことを得と規定せり

第百四十條 從前郡市經濟ヲ異ニシタル府縣ノ財產處分ニ關スル規定ハ內務大臣之ヲ定ム

特別ノ事情アル府縣ニ於テハ勅令ノ定ムル所ニ依リ市部郡部ノ經濟ヲ分別シ市部

會郡部會市部參事會郡部參事會ヲ置キ其ノ他必要ナル事項ニ關シ別段ノ規定ヲ設クルコトヲ得

（說明）本條は一府縣內なる市と郡が經濟を異にせる府縣の財產處分のことを規定したるものにして其處分法は內務大臣之を定むることゝし又特別の事情ある府縣則ち東京大阪の如き所の爲めには勅令にて市と郡との經濟を區別し府縣を細別して市部會郡部會となし府縣參事會を細別して市部參事會郡部參事會を置き其の他必要なる事項に關しては特別の規定を設くることを得ることを規定したり

第百四十一條 明治二十三年法律第八十八號府縣稅徵收法及地方稅ニ關スル從前ノ規定ハ此法律ニ依リ變更シタルモノヲ除ク外勅令ヲ以テ別段ノ規定ヲ設クルマテ其ノ效力ヲ有ス

（說明）本條は此法律に依り變更したるものを除く外別段の規定を設けらるゝまで從前の府縣稅徵收法及地方稅に關する規定は其效力を存續すべきものとな

したるなり

第百四十二條 明治二十三年法律第三十五條府縣制ノ規定ニ依リ選擧セラレタル府縣會員府縣參事會員ハ此法律施行ノ日ヨリ其ノ職ヲ失フ

本法發布後施行ノ日ニ至ルマテノ間ニ明治二十三年法律第三十五號府縣制ヲ施行シタル府縣ニ於テハ府縣會議員改選ヲ要スルコトアルモ其ノ改選ヲ行ハス議員ハ本法施行ノ日マテ在任ス

（說明） 本條は舊府縣制の下に選擧せられたる府縣會議員府縣參事會員に關する規定にして舊制による議員は此府縣制施行の日即ち七月一日より其職を喪失するものとす故に總選擧を行はざる可からず若し本法發布後即ち三十二年三月十五日より施行の日までに舊府縣制を施行したる府縣にて其任期滿ち改選を要することあるも其儘に議員を在職せしめ置くものとす是れ僅少の時間の紛擾を避けたるなり

第百四十三條 此ノ法律施行ノ際府縣會及府縣參事會ノ職務ニ屬スル事項ニシテ急

施ヲ要スルモノハ其ノ成立ニ至ルマテノ間府縣知事之ヲ行フ

（說明）　本條は府縣制を施行し議員を選擧し又府縣會議員が選擧せらるゝまでには多少の時日を要するを以て其間に府縣會なり府縣參事會の職務に關する事柄は急を要せざるものは其組織を告ぐるを俟て處辨す可きも其猶豫する暇なきに在ては之を處分するの道を開かざる可からず本條則ち此間の處置を知事に於て行ふ可きものとなしたるなり

第百四十四條　此ノ法律施行ノ際議員ヲ選擧スルニ必要ナル選擧人名簿ノ調製ニ限リ第九條乃至第十二條ノ期日及期間ハ勅令ヲ以テ別ニ之ヲ定ムルコトヲ得但シ其ノ選擧人名簿翌年調製スル選擧人名簿確定ノ日マテ其効力ヲ有ス

（說明）　本條は此の法律施行の際の人名簿調製の期日に關する規定にして新府縣制を施行するには速に諸種の機關を設備せざるべからず又其之れを設くるには第一議員の選擧を要す本條則ち此議員選擧の基礎となるべき人名簿調製に付き其期間を第九條乃至第十二條の規定に依らず勅令を以て別に之を定むること

を得るものとし然して其選擧人名簿は一時の便置法によりたるものなれども翌年調製する名簿が確定するまで其効力を有するものとなしたり然らざらば非常の煩雜を免かれざるを以てなり

第百四十五條 此ノ法律ニ定ムル直接税ノ種類ハ内務大臣及大藏大臣之ヲ告示ス

（說明） 直接税は地租所得税等にして法律を以て其種類を確定なし置くも税法改正等により時々變更なきを保し難きを以て內務大臣及大藏大臣に於て其種類を定めて告示す可きものとなしたるなり

第百四十六條 明治十三年第十五號布告府縣會規則明治十四年第八號布告區郡部會規則明治二十二年法律第六號府縣會議員選擧規則其ノ他此法律ニ抵觸スル法律施行ノ以後ニ於テハ其効力ヲ失フ

（說明） 本條は此法律に抵觸する從前の府縣會に關する法則は法律施行の府縣に於て効力を失ふてふ一の解釋法上當然の規定を爲したるに過ぎず

第百四十七條 此ノ法律ヲ施行スル爲必要ナル事項ハ命令ヲ以テ之ヲ定ム

（說明）　本條は本制を施し府縣自治の圓滿なる活動を期すと雖舊制より新制に移る上に就て其他此法律の精神を發揮し其方針に違ふことなからしめんには亦幾分の取極めを爲さゞる可からざる事項あるへし此等の事柄は勅令省令等を以て其必要に應じ定む可きことを規定したるなり

府縣制畢

郡制

緒言

抑も郡の行政を看察するに府縣と云ひ郡と云ひ等しく地方團體にして其性質略ぼ相同じ唯だ其組織權限の範圍、分量及び機關の構造等に多少の差異あるのみ若し夫れ府縣に相同じき處は重複を避けて茲に之を贅せず讀者請ふ諒せよ焉

一、郡の沿革　郡の沿革に付ても幾多の變遷を經過して今に至りたること府縣の沿革の如し、蓋し往古は頗る遼乎として其始めを審にせず乍併國郡に長を置き孝悌を賞し孤獨を憐むの歷史を存せしこと明白なり、以來物替り星遷り中世に至りて各々の部落に個々の風俗習慣を養成するよりして倍々其必要を是認し土地人民を區域するに至れり、爾來幾多の星霜を經て現世に於て團體民選の議朝野に起り其階梯として自治體の性質を郡に有せしめたり郡は則ち所謂中級の地方團體なり

二、郡の必要　抑々郡は町村を以て成立する處のものにして、直接に個人に對するものにあらずして間接に施行するは郡の本來の性質なり、只だ府縣と市町村との中間にありて其媒介を爲すに過ぎず故に其必要なきを論じ現に佛國の如きは中級の自治體を認めずと聞く、然れども中級の團體たる郡なくして獨り府縣と市町村とのみ地方自治の行政を認むるときは一は大に失し一は小に失し、よく秩序の整然たるの行政を得て望む能はず殊に數個の町村が共同して土木事業を起す等の場合に於て亦た大に便宜あればなり

第一章　總　　則

（說明）總則とは本と分載の繁冗を省き各條の必要に應ずべき通則を規定したるなり

第一條　郡ハ從來ノ區域ニ依リ町村ヲ包括ス

（說明）本條は郡の範圍を認めたるなり換言すれば基礎たる區域なり凡そ市町村は一定の地域と一定の人民とを以て組立するも郡は直接に人民に對

するにあらずして町村を以て組織せられ間接に人民に對すること前述の如し而して其範圍は古來の區域に據りて變更せず蓋し風土人情の異なるよりして自然其變更は得策とせざる所以ならん

第二條　郡ハ法人トシ官ノ監督ヲ承ケ法律命令ノ範圍內ニ於テ公共事務並法律勅令ニ依リ郡ニ涉ル事務ヲ處理ス

（說明）　本條は郡は自治團體なることを示せる規定なり

抑も自治團體とは何ぞや之れが定義を下せば國家の委任を受けて其團體の共同事務を處理するの謂なり換言すれば郡は法律又は命令の範圍內に於て其郡に屬する事項を自治するにあり然れども自治團體の行政は國家より獨立分離したる權力團體にあらずして國家の行政の一なるを以て當然官の監督を承けざるべからず故に本條に於ても「官の監督を受け云々」の明記ある所以なり只だ官府と異なる處は團體自身の公共の事務を處理する性質を有するものにして之を法律上の語を以て謂へば自治團體は法人なりと云ふことを得是れ本條に於て「郡は

法人として」と明規ある所以なり而して法人の性質は府縣制の部に詳論せるを以て冗長を省く

第三條 郡の廢置分合又ハ境界變更ヲ要スルトキハ法律ヲ以テ之ヲ定ム
郡ノ境界ニ渉リテ市町村境界ノ變更アリタルトキハ郡ノ境界モ亦自ラ變更ス町村ヲ變シテ市ト爲シ若ハ市ヲ變シテ町村ト爲シ又ハ所屬未定地ヲ町村ノ區域ニ編入シタルトキ亦同シ
本條ノ處分ニ付財産處分ヲ要スルトキハ内務大臣ハ關係アル府縣郡市參事會及町村會ノ意見ヲ徴シテ之ヲ定ム但シ特ニ法律ノ規定アルモノハ此ノ限ニ在ラス

（說明） 本條は郡の變動を規定したる條項なり
若し從來の郡を廢し又は數郡を合併し若くは其境界を變動するが如きは最も愼重を要し輕忽に付すへからす故に帝國議會の協贊を經て成立する處の法律を以て之を定め命令を以て變動する能はす是れ蓋し個人の利害に關係を及すこと僅少ならされはなり

郡の境界に渉る町村區域の變更又は移動を爲すときは郡の境界も自ら變更す是れ當然の結果なれはなり

郡は法人なり隨て特有財產を有す故を以て其區域を變する場合に於て其財產及ひ營造物の處分方法は何人か之を定むるかと云ふに財產の處分たる頗る至難の業にして往々葛藤を生じ或は請るなきに至ることなしとせず故に最高の監督者たる內務大臣が各々其團體機關の意見に徵して之を定むることゝせり但法律に於て之れに關する明規あるときは其の手續を要せず

第二章　郡　會

第一欵　組織及び選擧

(說明)　本章は郡の代議機關たる郡會の事項を規定し而して本欵に於ては其郡會は如何なる分子を以て組立てらるゝや及び郡會議員の選擧の方法如何を定む凡そ郡の行政を自治するや郡會と郡參事會と相俟つて用を爲すものにして恰かも車の兩輪の如し而して郡會の性質は代議機關にして各町村より選擧する議員

を以て組織するの外舊制に於ては大地主の特權を認めたり蓋し其特權を認めたるの理由は土地の所有權を多く有するものを尊重するの結果にあらざるなり然れども個人平等の主義に依りて成立する以上は何ぞ斯くの如き特權を認むるの要あらん余輩が夙に其不可を唱導せし處なりしか遂に改正法に於ては之を削除したり

第四條　郡會議員ハ各選擧區ニ於テ之ヲ選擧ス
選擧區ハ町村ノ區域ニ依ル但シ事情ニ依リ郡長ハ郡會ノ決議ヲ經府縣知事ノ許可ヲ得テ數町村ノ區域ニ依リ選擧區ヲ設クルコトヲ得
町村組合ニシテ町村ノ事務ノ全部ヲ共同處理スルモノハ之ヲ一町村ト看做ス

（說明）　本條は郡會議員の選擧區の定めたる規定なり
本條に於ては郡會議員の選擧區は一町一村を以て之れが選擧區域となすを原則とす左れど之れには二個の例外存す其一は或る事情即ち町村の區域狹少等の理由よりして便宜上數町村を合併して一の選擧區となすことを得べく又其二は各

異なりたる町村が或る事業を共同して經營する爲に組合を設置することを得此場合に於ては法律上其組合を一町村と看做すべきことを定む

第五條 郡會議員ノ員數ハ十五人以上三十人以下トス

郡ノ狀況ニ依リ內務大臣ノ許可ヲ得テ前條ノ員數ヲ四十人マテ增加スルコトヲ得

郡會議員ノ定數及各選擧區ニ於テ選擧スヘキ郡會議員ノ數ハ郡會ノ議決ヲ經府縣知事ノ許可ヲ得テ郡長之ヲ定ム

前項議員ノ配當方法ニ關スル事項ハ內務大臣之ヲ定ム

（說明）本條は郡會議員の數及び其之を定むる方法を規定す

郡會議員の定數は十五人以上三十人以下とす然れども區域廣濶人口非常に稠密する等の理由よりして其制限を四十人迄に增加することを得べきなり乍併之に反して如何に區域狹く人口少しと雖ども之を十五人以下に減少する能はざるものとす

一郡に付き其議員の定數及び各町村に於て選出すべき議員の定數は郡會の議決と府縣知事の許可を經て郡の主宰者たる郡長に於て之を定め其配當方法に關する必要なる事項は内務大臣に於て之を定むるなり

第六條 郡内ノ町村公民ニシテ町村會議員ノ選擧權ヲ有シ且其縣内ニ於テ一年以來直接國税年額三圓以上ヲ納ムル者ハ郡會議員ノ選擧權ヲ有ス

郡内ノ町村公民ニシテ町村會議員ノ選擧權ヲ有シ且其ノ郡内ニ於テ一年以來直接國税年額五圓以上ヲ納ムル者ハ郡會議員ノ被選擧權ヲ有ス

家督相續ニ依リ財產ヲ受得シタル者ハ其ノ財產ニ付被相續人ノ爲シタル納税ヲ以テ其ノ者ノ納税シタルモノト看做ス

郡會議員ハ住所ヲ移シタル爲町村ノ公民權ヲ失フコトアルモ其ノ住所同郡内ニ在ルトキハ之カ爲其ノ職ヲ失フコトナシ

郡會議員ノ選擧權及被選擧權ノ要件中其ノ年限ニ關スルモノハ府縣市町村ノ廢置分合若ハ境界變更ノ爲中斷セラルルコトナシ

左ニ掲クル者ハ郡會議員被選擧權ヲ有セス其ノ之ヲ罷メタル後一箇月ヲ經過セサル者亦同シ

一　所屬府縣ノ官吏及有給吏員

二　其ノ郡ノ官吏及有給吏員

三　檢事警察官吏及收稅官吏

四　神官僧侶其ノ他諸宗敎師

五　小學校敎員

前項ノ外ノ官吏ニシテ當選シ之ニ應セントスルトキハ所屬長官ノ許可ヲ受クヘシ

選擧事務ニ關係アル吏員ハ其ノ選擧區ニ於テ被選擧權ヲ有セス其ノ之ヲ罷メタル後一箇月ヲ經過セサル者亦同シ

郡ノ爲請負ヲ爲ス者亦ハ郡ノ請負ヲ爲ス法人ノ役員ハ其ノ郡ノ郡會議員ノ被選擧權ヲ有セス

（說明）　本條は郡會議員の選擧權者及び被選擧權者の資格を定む
其第一項は郡會議員を選擧すべき權を有するものゝ資格を掲ぐ其の資格如何と
云ふに
甲　郡內の町村公民なること而して其町村公民とは
一　帝國臣民にして公權を有する事
二　年齡二十五歲以上の男子にして一戶を構へ且つ禁治產を受けざること
三　二年以來町村の住民となり直接國稅二圓以上若くは地租を納むる事
乙　町村議員の選擧權を有する事、幷は其町村の公民にして其公權を停止せら
れず且つ陸海軍の現役中にあらざるものを云ふ
丙　其郡內に於て直接國稅（地租、所得稅の類）を一年以來年額三圓以上納む
る事
以上三要件を具備する者は郡會議員の選擧權を有す
第二項は被選擧權を有する者の資格を定む而して資格は前述選擧資格と其郡內

に於て一年以上直接國稅五圓以上を納むる點を異にするのみ
第三項乃至五項は諸種の疑問を氷解せしなり一、財產相續をなしたるときは其選擧被選權の資格に影響を及ぼすや二、町村公民は其住所を變したるときは絕對に其資格を失ふや三、二年以來住民たるとか又は直接國稅を納むるとか年限に關するものにして郡の廢置、分合、及び境界を變更のときは其年限の効力如何、等隨分舊法に於ては疑問を惹起して紛擾なきにあらず今や玆に確定の明文を設け明瞭なるを以て贅述せず
第六項は郡會議員たることを得ざるものを掲ぐ
一、二　其郡を管轄する所の府又は縣及び其郡に奉職する官吏幷に有給吏員、此等の吏員、有給吏員（有給吏員とは本官にあらざるも給料を受けて行政事務を執行する者を云ふ）は直接に其行政事務を執るものなるを以て一には行政代議の分立を全からしむる能はず二には執行者に加ふるに代議の勢力を倍すときは權力之に偏重するの恐れあるが爲めなり

三　檢事警察官吏及び收稅官吏

此等の官吏は刑罰の請求若くは實行を掌るものにして重大の職務を有するを以て公明正大私偏なかるべからず然るに政治等に關與するときは許多の弊害之に伴ひ自然其職を全ふすること能はざるを以てなり

四　神官、僧侶其他諸宗敎師

此等靈魂上の敎訓を掌るものは政敎分離の今日固より政治に干涉すべきものにあらず又た宗敎信仰等の爲めに偏重するの弊なきを得ざるによる

五　小學校敎員

右敎員の職分たる一意專心後進者の訓導を掌るものなり然るに政治に干與するときは自然兒童の心性を害し遂には其方針を謬るに至るの恐れある等種々の弊害あるを以てなり

以上列記せる外其選擧區に於て選擧事務に關係ある吏員又は郡の爲めに請負を爲す法人の役員等は其郡會議員の被選擧權を有せず开は自然不正の處置尠なか

らざると自己の利益に偏重して行政の公平を失ふとの理由に基く又た第七項の「外の官吏とは」以上列規の官吏を除く以外にして他廳に奉職する官吏の如し此等自論被選擧資格を有するも恣に其本務を輕忽に付する能はざるよりして其所屬長官の許可を受くべきものとせり

第七條 郡會議員ハ名譽職トス

郡會議員ノ任期ハ四年トス

議員ノ定數ニ異動ヲ生シタル爲又ハ議員ノ配當ヲ更正シタル爲解任ヲ要スル者ハ抽籤ヲ以テ之ヲ定ム

（說明） 本條は郡會議員は名譽職たること及其任期を定めたり

名譽職とは無給にて奉職するを謂ふ換言すれば給料に替へて無形名譽を受くるにあり而して郡會議員を名譽職たらしむるの要は第一、人民の負担を減し第二、當選か獨立の精神に基き私慾に狂くるの弊なし

議員の在職期は四年とす然るに一朝定員に異動を生じ又は配當方法を更正した

る爲め任期中解任するの必要あるときは公平なる抽籤方法に依りて之を解職す

第八條　郡會議員中闕員アルトキ及郡會議員ノ定數ニ異動ヲ生シタル爲又ハ議員ノ配當ヲ更正シタル爲議員ノ選擧ヲ要スルトキハ三箇月以内ニ之ヲ行フヘシ

補闕議員ハ其ノ前任者ノ殘任期間在任ス

補闕議員ヲ除ク外本條第一項ニ依リ選擧セラレタル議員ハ次ノ改選期マテ在任ス

（說明）　本條は缺員補充の方法を定めたり

若し議員中退職又は死亡其他定數の異動若くは配當變更等の爲に缺員を生じたるときは三ヶ月以內に其補充選擧を行ふべし而して前任者の承繼の爲め補充は其殘任期間存在すべきものにして定數の異動又は配當變更の爲め選擧せられたる議員は次の改選迄は在任すべきものとす

第九條　郡會議員ノ選擧ハ郡長ノ告示ニ依リ之ヲ行フ其ノ告示ニハ選擧ヲ行フヘキ選擧區投票ヲ行フヘキ日時及選擧スヘキ議員ノ員數ヲ記載シ新ニ選擧人名簿ヲ調製シテ選擧ヲ行フ場合ニ於テハ少クトモ七十日前其ノ他ノ場合ニ於テハ少クトモ

十四日前ニ之ヲ發スヘシ

（說明）　本條は議員を選擧するの方法を定む

議員選擧の方法は法律に於て之を固定せずして郡長の告示によりて之を行ふべきものとす而して選擧に關し選擧人も多少用意の必要あるを以て其告示を發するには新に選擧人名簿を調製して其資格を明かにし次に選擧を行ふ場合には少なくとも七十日前其他臨時至急を要するときは少くとも十四日前に一、選擧區二、投票の日時三、議員の員數を記載したる告示を管下一般に示すべきものとす

第十條　郡會議員ノ選擧ハ町村長之ヲ管理ス但シ數町村ヲ以テ一選擧區ト爲シタル場合ニ於テハ郡長ノ指定シタル町村長之ヲ管理ス

（說明）　本條は選擧に關する管理者を定む

郡會議員の選擧たる一町一村の區域を以て選擧區となすこと第四條の規定にありて明白なり故に其選擧は其町村長に於て之を管理す但し一の町村が狹少等の

爲に數町村を一の選擧區となしたるときは自から數個の町村長あるを以て其管理者は郡長の指定したる町村長に於て之を管理すへきものとす

第十一條　町村長ハ選擧期日前六十日ヲ期トシ其ノ日ノ現在ニ依リ選擧人名簿ヲ調製スヘシ但シ數町村ノ區域ニ依リ選擧區ヲ設ケタル場合ニ於テハ選擧ヲ管理スル町村長ニ之ヲ送付スヘシ

選擧人其ノ住所ヲ有スル町村外ニ於テ直接國稅ヲ納ムルトキハ前項ノ期日マテハ當該行政廳ノ證明ヲ得テ其ノ住所地ノ町村長ニ屆出ツヘシ其ノ期限內ニ屆出ヲ爲ササルトキハ其ノ納稅ハ選擧人名簿ニ記載セラルヘキ要件ニ算入セス

選擧ヲ管理スル町村長ハ選擧前五十日ヲ期トシ其ノ日ヨリ七日間町村役場又ハ其ノ他ノ場所ニ於テ選擧人名簿ヲ關係者ノ縱覽ニ供スヘシ若關係者ニ於テ異議アルトキ又ハ正當ノ事故ニ依リ前項ノ手續ヲ爲スコト能ハスシテ名簿ニ登錄セラレサルトキハ縱覽期限內ニ之ヲ町村ニ申立ツルコトヲ得此ノ場合ニ於テハ町村長ハ其ノ申立ヲ受ケタル日ヨリ十日以內ニ之ヲ決定スヘシ

前項町村長ノ決定ニ不服アル者ハ郡參事會ニ訴願シ其ノ裁決ニ不服アル者ハ府縣參事會ニ訴願シ其ノ裁決ニ不服アル者ハ行政裁判所ニ出訴スルコトヲ得

前項ノ裁決ニ關シテハ府縣知事郡長町村長ヨリモ亦訴願及訴訟ヲ提起スルコトヲ得

町村長ハ第三項異議ノ決定ニ依リ又ハ第四項訴願ノ裁決確定シ若ハ訴訟ノ判決ニ依リ修正ヲ要スルトキハ選擧期日前七日マテニ修正ヲ加ヘテ確定名簿トナスヘシ

本條ニ依リ確定シタル名簿ハ郡內ノ各選擧區ニ涉リ同時ニ調製シタルモノハ確定シタル日ヨリ二年以內ニ於テ行フ選擧ニ之ヲ適用ス其ノ郡內一部ノ選擧區限リ調製シタルモノハ確定シタル日ヨリ一年以內ニ該選擧區ニ於テノミ行フ選擧ニ之ヲ適用ス但シ名簿確定後訴願ノ裁決若ハ訴訟ノ判決ニ依リ名簿ノ修正ヲ要スルトキハ選擧期日ノ前七日マテニ修正スヘシ

選擧人名簿ヲ修正シタルトキハ直ニ其ノ要領ヲ告示スヘシ

確定名簿ニ登録セラレサル者ハ選擧ニ參與スルコトヲ得ス但シ選擧人名簿ニ登錄セラルヘキ確定裁決書若ハ判決書ヲ所持シ選擧ノ當日選擧會場ニ到ル者ハ此ノ限ニ在ラス

確定名簿ニ登錄セラレタル者選擧權ヲ有セサルトキハ選擧ニ參與スルコトヲ得ス但シ名簿ハ之ヲ修正スル限ニ在ラス

異議ノ決定若ハ訴願ノ裁決確定シ又ハ訴訟ノ判決アリタルニ依リ名簿無効ト爲リタルトキハ更ニ名簿ヲ調製スヘシ其ノ名簿調製ノ期日縱覽修正及確定ニ關スル期限等ハ府縣知事ノ許可ヲ得テ郡長之ヲ定ム

（說明）　本條は選擧準備の手續たる人名簿の調製に關する規定なり

人名簿調製を掌るものは各町村長若くは郡長の指定したる管理者町村長に於て之れが調製を爲す而して各其區域の町村長は之れが調査表を管理者たる町村長に送付して其資格を明白にす

又た其住所を有する町村外に於て納税するものは（直接國稅）選擧期日前六十日

まて其所轄行政廳の證明を得て其住所の町村長に屆出すべし若し其期限の屆出を懈怠するときは其屆出の効力を失ふ

選擧名簿は之を關係者の縱覽に供すべし蓋し縱覽せしむるの要は何人か選擧權を有するやを確認するに於て缺くべからざる要具なり然るを若し關係人に於て登錄に漏れたるか又は誤謬あるとき若くは天災地變の爲に屆出等の手續を爲す能はざるが如きときは縱覽期限内(選擧前五十日を期とし其日より七日間)に之れが訂正を町村長に申出づることを得其不服の決定に異議あるときは郡參事會及び府縣參事會に訴願し最後に行政裁判所に出訴することを許すべきものとす

前陳により決定判決ありたるときは選擧期日前七日迄に修正を加へて其名簿を確定すべし而して其確定名簿の効力は確定したる日より一年以内に於て行ふ選擧に適用す但し訴願訴訟の決定判決より確定後修正を要すべきときは選擧期日前七日までに之を修正し其旨を一般管下に告示すべきものとす

そも何人が選舉權を有するや否やは確定名簿によりて告示すべきものなれば其名簿の登錄漏れのものは選舉に參與することを許さゞるは一般普通の場合とす然し其脫漏を理由として訴願訴訟を爲し其結果勝訴の裁判を得判決書を所持せる以上は之れが例外に屬す記錄を掌るもの過失なる明白なるを以てなり又た之に反し名簿には其資格者として登錄せるも實質上選舉權を有せざるものは選舉に參與することを得す是れ誤錄なること明白なるに拘はらず之を許すは不當なるを以てなり

前述により訴願訴訟の結果名簿無効となりたるときは更に名簿を調製すへし何んとなれば法律に背反せる名簿の存在は決して許す能はざればなり

第十二條　選舉會ハ町村役場若ハ選舉ヲ管理スル町村長ノ指定シタル場所ニ於テ之ヲ開クヘシ

數町村ヲ以テ一選舉區ト爲シタルトキハ選舉ヲ管理スル町村長ハ選舉ノ日ヨリ少クトモ四日前ニ選舉ノ場所ヲ定メ關係町村長ニ通知スヘシ

選擧會ノ場所ハ選擧ノ日ヨリ少クトモ三日前町村長ニ於テ之ヲ告示スヘシ特別ノ事情アル地ニ於テハ命令ヲ以テ選擧分會ヲ設ケ其ノ選擧ニ關シ特別ノ規定ヲ設ルコトヲ得

（說明）　本條は選擧場所に關する規定なり

何れの處を以て選擧場所と爲すや其場所は町村役場又は選擧を管理する町村長の指定したる場所を選擧場所と爲す

若し數町村を以て一の選擧區域となしたるときは郡長の指定したる管理者たる町村長は選擧の日より少くとも四日前、其場所を定め之を關係各町村長に通知すべし其通知を受けたる各町村長は選擧日より三日以前に之を管下一般に告示し其場所を知らしむべし

又た原則としては選擧場所は各町村に一ヶ所に限る然れども土地廣濶等の場合に於ては大に不便を釀し就て弊害之に伴ふを以て命令によりて分會を設け其方法等特別の規定を設くることを得へし

第十三條　選擧ヲ管理スル町村長ハ臨時ニ選擧人中ヨリ二名乃至四名ノ選擧立會人ヲ選任シ其ノ町村長ハ選擧長トナル

選擧立會人ハ名譽職トス

（說明）　本條は選擧立會人を置くべき規定なり

選擧を管督する町村長選擧人中より二名乃至四名の立會人を選任す而して其町村長は之れが選擧長たり蓋し選擧立會人の必要は選擧を執行し及び其投票の有効無効を議決する場合等に關し大に其必要あればなり

第十四條　選擧人ノ外選擧會場ニ入ルコトヲ得ス但シ選擧會場ノ事務ニ從事スル者選擧會場ヲ監視スル職權ヲ有スル者ハ此ノ限ニ在ラス

選擧人ハ選擧會場ニ於テ協議又ハ勸誘ヲ爲スコトヲ得ス

（說明）　本條は選擧會場の安全を保持する必要の規定なり

原則としては選擧權を有する者にあらざれば會場に入ることを許さず此原則には例外に設け選擧を執行する選擧吏員又は議會場の安寧を維持する警察官の如

きは例外に屬す

選擧は獨立獨行自己の良心に誓ひ選擧の實を擧げざるべからず故に他人に協議をなし又は他を勸誘するが如き處爲は大に選擧の精神に反す是れ本條に於て之を許さゞる所以なり

第十五條　選擧ハ投票ニ依リ之ヲ行ヲ

投票ハ一人一票ニ限ル

選擧人ハ選擧ノ當日自ラ選擧會場ニ到リ選擧人名簿ノ對照ヲ經投票簿ニ捺印シ投票スヘシ

選擧人ハ選擧會場ニ於テ投票用紙ニ自ラ被選擧人一名ノ氏名ヲ記載シテ投函スヘシ

投票用紙ニハ選擧人ノ氏名ヲ記載スルコトヲ得ス

自ラ被選擧人ノ氏名ヲ書スルコト能ハサル者ハ投票ヲ爲スコトヲ得ス

投票用紙ハ郡長ノ定ムル所ニ依リ一定ノ式ヲ用ウヘシ

（說明）　本條は選擧をなす方法を定む

其方法は本法匿名主義を採れり若し之れを記名となすときは他に顧慮する處あり即ち他日怨を求むる所を憂ひ自己の信ずる處を行ふ能はざるよりして其公平を保たんが爲め其投票者の氏名を表示せざることと爲したり

自から氏名を書する能はざる者は投票を爲す能力なし蓋し他人が代はるにあらざれば投票を爲す能はざるが如き無識者は到底選擧者たる資格を缺くものにして代理人に欺かるゝ等弊害之に伴ふ故に改正本法に於ては斷然自己の氏名を自書する能はざるものは選擧を爲すを得すと規定せるなり

第十六條　左ノ投票ハ之ヲ無効トス

一　成規ノ用紙ヲ用ヰサルモノ

二　一投票中二人以上ノ被選擧人ヲ記載シタルモノ

三　被選擧人ノ何人タルヲ確認シ難キモノ

四　被選擧權ナキ者ノ氏名ヲ記載シタルモノ

五　被選擧人ノ氏名ノ外他事ヲ記入シタルモノ但シ爵位職業身分住所又ハ敬稱ノ類ヲ記入シタルモノハ此ノ限ニ在ラス

（說明）　本條は如何なる投票は無効なるやを定む

一　成規の用紙を用ひざるとき　若し成規用紙に限らざるときは區々にして一定せずには大に紛雜を來し許多の弊害之に伴ふを以てなり

二　二人の被選擧人の記載したるとき、投票は第十五條第二項の規定するか如く一票一人に限る故に二人記載したるときは無効とす

三　字體不明瞭又は符號にて書記し何人たるを確認し難きとき

四　被選擧權なき者を記載しあるもの

五　被選擧人の氏名の外無用の文字を記入したるとき　但し其選擧人の誰れたるやを一層明らかならしめんか爲めに爵位又は住所其他閣下とか貴下とかの號を記入するも差支なし

第十七條　投票ノ拒否竝効力ハ選擧立會人之ヲ議決ス可否同數ナルトキハ選擧長之

ヲ決スヘシ

（說明）　本條は投票の拒否及其効力の議決者を定めたる規定なりそも選擧を執行するに當り其投票の受理及び不受理幷に有効無効を決せんには臨時に選擧人中より選任したる立會人に於て之を議定す若し可否同數なるときは會長たる町村長に於て決するものとす

第十八條　郡會議員ノ選擧ハ有効投票ノ最多數ヲ得タル者ヲ以テ當選トス投票ノ數相同キトキハ年長者ヲ取リ同年月ナルトキハ選擧長抽籤シテ其ノ當選者ヲ定ム同時ニ補闕員數名ヲ選擧スルトキハ投票ノ數多キ者投票ノ數相同キトキハ年長者ヲ以テ殘任期ノ長キ前任者ノ補闕ト爲シ同年月ナルトキハ選擧長抽籤シテ之ヲ定ム

（說明）　本條は選擧の當選者を定むる規定なり

既に叙述したる選擧の方法投票の無効たる規定に抵觸せざる投票は皆有効のものなり其有効の多數を占むるものを以て當選者とす元來法律上に於て投票の多

數と云ふは總點數の過半以上ならざるべからさる如き制限あるにあらずして苟も他の得點者に比較して多數の投票を得たるものを云ふ、故を以て二名以上同數の投票を得ることなしとせず斯る場合に於て當選者たるには一、年長者二、同年月なるときは公平の方法たる抽籤によりて決す

又た補欠員數名を選擧したるときは前項の方法により殘任期の長きものを前任者の補欠と爲す、前項と對照すべし

第十九條 選擧長ハ選擧錄ヲ製シテ選擧ノ顚末ヲ記載シ選擧ヲ終リタル後之ヲ朗讀シ選擧立會人二名以上ト共ニ之ニ署名シ投票選擧人名簿其ノ他關係書類ト共ニ選擧ノ効力確定スルニ至ルマテ之ヲ保存スヘシ

（說明）本條は選擧錄調製に關する規定なり

選擧に關して管理者たる選擧長は選擧錄を調製して選擧の顚末即ち會場、投票數、有効無効の票數、及び得點者の氏名、點數等を記載して其誤りなきを證する爲に終了後之を朗讀し立會人と共に署名し選擧の効力確定する迄之を保存せ

ざるへからず蓋し後日其効力に關し爭議を生じたるときに最も必要の證據なればなり

第二十條　選擧ヲ終リタルトキハ選擧長ハ直ニ當選者ニ當選ノ旨ヲ告知シ同時ニ選擧錄ノ寫ヲ添ヘ當選者ノ住所氏名ヲ郡長ニ報告スヘシ
當選者當選ノ告知ヲ受ケタルトキハ五日以內ニ其ノ當選ヲ承諾スルヤ否ヲ郡長ニ申立ツヘシ
一人ニシテ數選擧區ノ選擧ニ當リタルトキハ最終ニ當選ノ告知ヲ受ケタル日ヨリ五日以內ニ何レノ選擧ニ應スヘキカヲ郡長ニ申立ツヘシ
定期改選增員選擧補闕選擧等ヲ同時ニ行ヒタル場合ニ於テ一人ニシテ其數選擧ニ當リタルトキハ前項ノ例ニ依ル
前三項ノ申立ヲ其ノ期限內ニ爲サヽルトキハ當選ヲ辭シタルモノト看做ス
第六條七項ノ官吏ニシテ當選シタル者ニ關シテハ本條ニ定ムル期間ヲ二十日以內トス

（説明）　本條は當選の通知及び報告に關する規定なり

前陳の手續に從ひ選擧を終了し當選者定まりたるときは選擧長は直ちに當選者に其當選の旨を通知し尚ほ郡長に其選擧錄の寫を添へて當選者の住所氏名を報告すべし

前項に依り當選者が告知を受けたるときは五日以内に諾否を郡長に申出づべし五日の期間を必要とするは本人に於て其拒否に付き熟考するの時日を與へたるものなれば通知並に屆出に算すべき時日は之を除減せざるべからず

元來一人にて數個の選擧區を代表し數個の議席に列席することは決して許す能はず故に數選擧區の選擧に當りたるときは其何れかを撰擇せざるべからず其結果申立期限は最終に當選の告知を受けたるときより五日以内とす又た第六條第七項の官吏にして當選したるときは所轄長官の許可を受くべきものなるを以て諾否の期限を二十日以内に伸長す之れ末項の規定する處なり

然らば若し以上の期限内（五日、二十日）に申立を爲さゞるときは如何なる結果

を生するやと云ふに當選を辭したるものと看做さるゝものとす

第二十一條　郡會議員ノ當選ヲ辭シタル者アルトキハ更ニ選擧ヲ行フヘシ

二人以上投票同數ニシテ年長ニ由テ當選シタル者其ノ當選ヲ辭シタルトキハ年少ニ由テ當選セサリシ者ヲ以テ當選トス但シ年少ニ由テ當選セサノシ者二人以上アルトキハ年長者ヲ取リ同年月ナルトキハ選擧長抽籤シテ其ノ當選者ヲ定ム

二人以上投票同數ニシテ抽籤ニ依テ當選シタル者其ノ當選ヲ辭シタルトキハ抽籤ノ爲當選セサリシ者ヲ以テ當選トス但シ抽籤ノ爲當選セサリシ者二人以上アルトキハ選擧長抽籤シテ其ノ當選者ヲ定ム

（說明）　本條は當選者が其當選を辭したるときに處する方法を規定せり當選者たるを定むる方法に二主義あり一は最高點者其當選を辭するときは次點者當然當選者たる主義二は最高點者のみを當選者とし其次點者を採用せざる主義なり蓋し一主義は二主義の正確なるに如かず故に本法に於ても「當選を辭したるときは更に選擧すべき」ものとせり

前項に採用せる方法は次點者を採用せざる主義なるも最高點を占むるもの二人以上ありて只だ年少者の故を以て當選せざりしときは更に選擧を行ふに及ばず年少によりて當選せざりしものを當選者となす

第二十二條　當選者其ノ當選ヲ承諾シタルトキハ郡長ハ直ニ當選證書ヲ付與シ及其ノ住所氏名ヲ告示スヘシ

（說明）本條は當選者に證書の下付及び告示に關する規定なり

第二十條第二項の規定により當選者承諾の旨を屆出たるときは玆に當選確定するものとす故に郡長は本人に對し當選したる旨を記したる證書を下付す其證書の要は之によりて議員たるを證し又た身上特別の保護を受くるに當りても又た其要あり尙ほ郡長は當選者の住所氏名を一般に告示すべし其告示の要は管下の人民をして代表者の何人たるやを知らしむるに於て規定あればなり

第二十三條　選擧人當選者ハ當選ノ効力ニ關シ異議アルトキハ選擧ノ日ヨリ十四日以內ニ之ヲ郡長ニ申立ツルコトヲ得

前項ノ異議ハ之ヲ郡參事會ノ決議ニ付スヘシ
郡長ニ於テ當選若ハ當選ノ効力ニ關シ異議アルトキハ第一項申立ノ有無ニ拘ラス第二條第一項ノ報告ヲ受ケタル日ヨリ二十日以内ニ郡參事會ノ決議ニ付スルコトヲ得
本條郡參事會ノ決議ニ不服アル者ハ府縣參事會ニ訴願シ其ノ裁決ニ不服アル者ハ行政裁判所ニ出訴スルコトヲ得
前項ノ決定及裁決ニ關シテハ府縣知事郡長選擧ヲ管理スル町村長ヨリモ亦訴願及訴訟ヲ提起スルコトヲ得

（説明）　本條は選擧の効力に關する異議の規定なり
選擧の効力に關し異議あるとは被選人の資格に誤謬あり、又たは其投票が有効條件を具備せざるか又は選擧の手續に犯則せる等の場合を云ふ此場合に於て選擧人は選擧をなしたる日より十四日以内に郡長に申立つることを得、郡長は之を郡參事會の決定に付す尙ほ公益を保護する爲めに郡長に於て異議あるときは

假令選擧人の申立なきに拘はらず報告を受けたる日より二十日以内に郡參事會の決定に付することを得べきなり

前項郡參事會の決定に不服なるときは府縣參事會に訴願し尚ほ其の裁決に不服なる者は最後に行政裁判所に出訴することを得べきなり尚ほ決定、判決に對しては府縣知事又は郡長若くは管理者たる町村長よりも訴願及び訴訟を提起することを得べきことゝせり

第二十四條 選擧ノ規定ニ違背スルコトアルトキハ其ノ選擧ヲ無効トス但シ選擧ノ結果ニ異動ヲ生スルノ虞ナキモノハ此ノ限ニ在ラス

當選者ニシテ被選擧權ヲ有セサルトキハ其ノ當選ヲ無効トス

（說明） 本條は如何なる選擧は其効力なきやを示せる規定なり

此場合は第一、選擧の規定に違背したるとき、即ち選擧權被選擧權の法律上の資格を具備せざるか。又は管理者の定めたる會場以外に於て選擧を爲したるとき、其他成規の方式に違ひたる選擧は効力なきものとす然し右に依りて無効と

なるも其結果に於て異動なきときは敢て全部無效となすの要なし例せば當選總數の內一二が無效となるも尙ほ有效投票多數を占むる場合の如し第二、當選者にして被選擧資格を具備せざることを發見したるとき是亦其當選無效たる可きは當然の事なりとす

第二十五條 選擧若ハ當選無效ト確定シタルトキハ更ニ選擧ヲ行フヘシ但シ得票數ノ查定ニ錯誤アリタル爲又ハ選擧ノ際被選擧權ヲ有セサル爲當選無效ト確定シタルトキハ第十八條及第二條ノ例ニ依ル

（說明） 前條規定上當然無效に歸したるときは更に選擧を爲すべきなり然れども查定の票數に錯誤ありたるとき又は選擧の際被選擧權者だけ資格を具備せざるが爲無效となりたるが如きは本法第十八條の規定に準據して有效票數の多數者、若し同數なれば年長者、同年月なれば抽籤方法によりて之れが當選を定むべきものとす

第二十六條 郡會議員ニシテ被選擧權ヲ有セサル者ハ其ノ職ヲ失フ其ノ被選擧權ニ

關スル異議ハ郡參事會之ヲ決定ス

郡會ニ於テ其ノ議員中被選擧權ヲ有セサル者アリト認ムルトキハ之ヲ郡長ニ通知スヘシ但シ議員ハ自己ノ資格ニ關スル會議ニ於テ辯明スルコトヲ得ルモ其ノ議決ニ加ハルコトヲ得ス

郡長ハ前項ノ通知ヲ受ケタルトキハ之ヲ郡參事會ノ決議ニ付スヘシ郡長ニ於テ被選擧權ヲ有セサル者アリト認ムルトキ亦同シ

本條郡參事會ノ決定ニ不服アル者ハ府縣參事會ニ訴願シ其ノ裁決ニ不服アル者ハ行政裁判所ニ出訴スルコトヲ得

前項ノ決定及裁決ニ關シテハ府縣知事郡長ヨリモ亦訴願及訴訟ヲ提起スルコトヲ得

郡會議員ハ其ノ被選擧權ヲ有セストスル決定若ハ裁決確定シ又ハ判決アルマテハ會議ニ列席シ及發言スルノ權ヲ失ハス

（說明）　本條は選擧以後に於て其資格が欠缺せしてことを發見したるときの効力

如何を規定す

前條は選擧の當時被選擧權を具備せざるときは如何に之を處理すべきやを定むるも若し其以後に於て被選權を具備せざること發見したるとき又は其資格を失ひたるときは如何是れ郡會議員たるの要件を欠缺せるを以て其職を失ふべきは當然なり然し之に對して異議あるときは郡參事會に申出づることを許す郡會に於て發顯したるときは郡長に通知すべきなり然し其の干係者は自己の資格に關する辯明を爲すことを得るも議決に參與することを禁ず若し然らざれば一人の私利の爲めに議決の正義を左右するの憂あればなり

末項に規定せる「列席發言の權を失はず」と如何なる理由に基くやと云ふにそも其郡會議員は兎に角正當の選擧方法に依り當選せられたるものなれば原則として有効のものと推定せざるを得ず故に被選擧權を有せずとの決定又は判決確定する迄は會議に列席して發言を爲すを得べきなり但し自己の資格事件に關しては辯明を爲すの外其議決に參與するを許さゞること前述の如し

第二十七條　本款ニ規決定スル異議ノ決定及訴願ノ裁決ハ其ノ決定書若ハ裁決書ヲ交付シタルトキ直ニ之ヲ告示スヘシ

（說明）　本條は決定又は判決を告示すべきを定む

前條に揭ぐる如く被選擧人の資格に付き爭を生じ其極訴願訴訟となりたるときは其決定判定の始末は一般に之を知るの要あれば之を告示すべきものとなしたるなり

第二十八條　郡會議員ノ選擧ニ付テハ市町村會議員選擧ニ關スル罰則ヲ準用ス

（說明）　本條は選擧に關する罰則の規定なり

郡會議員の選擧に關する罰則に付ては市町村議員選擧の規定を準用するものとなしたり

第二欵　職務權限及處務規程

（說明）　本欵は郡會の權限即ち其職務の範圍を規定す換言すれば郡會は如何なる事項を取扱ふ職權ありやを定め、次に職權規程とは此の權限を受理する方法

を定むる詳言すれば郡會は如何にして其職權を行ふべきやを規定したるなり

第二十九條 郡會ノ議決スヘキ事件左ノ如シ

一　歳入出豫算ヲ定ムル事

二　決算報告ニ關スル事

三　法律命令ニ定ムルモノヲ除ク外使用料手數料及夫役現品ノ賦課徴收ニ關スル事

四　不動產ノ處分並買受讓受ニ關スル事

五　積立金穀等ノ設置及處分ニ關スル事

六　歳入出豫算ヲ以テ定ムルモノヲ除ク外新ニ義務ノ負擔ヲ爲シ及權利ノ拋棄ヲ爲ス事

七　財產及營造物ノ管理方法ヲ定ムルコト但シ法律命令中別段ノ規定アルモノハ此限ニ在ラス

八　其ノ他法律命令ニ依リ郡會ノ權限ニ屬スル事項

（説明）　本條は郡會の權限を定めたる規定なり換言すれば郡會に於て議決すべき範圍を定む故に其範圍外に超越したるときは其議決は無効たり以下之を分論せん

一　凡そ自治體の事務中最も至重至貴のものは自己の經濟なり而して豫算は一年度歳入歳出の見積りなるを以て實に其重要を占む故に代議機關たる郡會の權限に屬せざるべからず

二　歳入歳出の豫算の議決權は前際に於て郡會の權限に屬す就ては理事機關に於て其議決を執行したるや否やを監督するにあらざれば第一項の規定空權に終らん故に其決議に關する事項も郡會の權限に屬す

三　本項は法律又は命令を以て定めたる以外に臨時に使用料、手數料及び夫役現品賦課徴收等は愼重注意を加へて處理せざるべからず故に之を理事機關に放任することを得ず

四　郡に屬する不動産を賣買し質入し又は交換等を爲すは大に自治體の經濟に

少なからざる關係を有するを以て郡會に於て其可否を決す

五　郡は公共の事務を自治する法人なるを以て臨時の費用を償ふ爲めに金穀積立て又は其積立金穀を賣買、抵當質入を爲す場合に郡會に於て其可否を決す

六　「新に義務の負擔」とは更に契約を爲て補助を行ひ又は負擔を爲す場合を云ひ權利拋棄とは法律上取り得べき權利を取得せざるが如き場合を云ふ此等の二件は郡の利害に影響を及ぼすこと些少にあらず故に之を理事機關に放任することを得ず然し豫算に於て定めたるときは此限にあらず何んとなれば豫算は最早郡會の承諾を得たるを以てなり

七　郡の財産又は營造物（例せば學校病院の如し）を利用し之を維持する上に於て其方法を定むることは郡の利害に關係を及ぼすを以て郡會に於て其方法を定む可きものとす

八　「其他法律命令により云々」とは以上の外直接に郡會の議決に付すべしと明規ある場合と又た將來法律命令が郡會に委任する場合とを含む

第三十條　郡會ハ其ノ權限ニ屬スル事項ヲ郡參事會ニ委任スルコトヲ得

（說明）　本條は郡會の權限を郡參事會に委任することを得べき規定なり前條に規定する事項は郡會に於て議決すべき重要の事項に屬す就ては之れが議決を爲すべき義務あるなり然れども之を郡參事會に委任するを便宜となす場合なきにあらず斯る場合に於ては郡參事會代はりて之れが議決を爲すことを得べし假令ば不動產の賣買交換等は郡の經濟上大に影響するを以て郡會の權限に屬す然れども些少の土地を交換購求するが如き場合に於ては敢て代議機關たる郡會の決議に付する程の價値なし反て郡參事會に委任するを便宜とす是れ本條の規定ある所以なり

第三十一條　郡會ハ法律命令ニ依リ選擧ヲ行フヘシ

（說明）　本條は郡會の選擧即ち議長副議長其他參事會員等其他法律勅令省令等の命令に基づき選擧を行ふ可きことを規定したるなり

第三十二條　郡會ハ郡ノ公益ニ關スル事件ニ付意見書ヲ郡長若ハ監督官廳ニ呈出ス

ルコトヲ得

（說明）　本條は郡の公益に付き意見書を管督官廳に呈出することを許せる規定なり

苟も郡の公利公益を增進し又は損害あるときは郡會の決議によりて意見書を郡長又は府縣知事に呈出することを許せり即ち郡の分合の可否、郡の衞生又は敎育等は郡下一般の公益に關する事項と云はざるべからず徵兵に關し集會條例に關する如きは公益に相違なきも國家の事業に屬すべければ郡會の參與す可き限りにあらざるなり

第三十三條　郡會ハ官廳ノ諮問アルトキハ意見ヲ答申スヘシ

郡會ノ意見ヲ徵シテ處分ヲ爲スヘキ場合ニ於テ郡會招集ニ應セス若ハ成立セス又ハ意見ヲ呈出セサルトキハ當該官廳ハ其ノ意見ヲ俟タスシテ直ニ處分ヲ爲スコトヲ得

（說明）　本條は郡廳の諮問に答申すべきを規定せり

郡の公益に關係ある事件即ち郡の廢置分合等に關して輿論の傾向を知らんが爲めに郡會の意見の問合せあるときは之に答申すべきものとす

然れども右諮問に應答するの郡會にして招集に應ぜざるか又は郡會成立せざるときは當該の監督官廳の意見を俟つを要せず幵は郡會は自己の利害得失に關し斯の如き怠慢あるは暗默に官廳の意見に一任したるものと看做す可く亦此の如くせざれば行政上大に支障を來す可ければなり

第三十四條 郡會議員ハ選擧人ノ指示若ハ委囑ヲ受クヘカラス

（說明） 本條は郡會議員は一個人の委托を受くべからざることを規定せり

世人動もすれば選擧の性質を誤解するもののなきにあらず選擧は決して一個人を代理するものにあらずして國家行政の一部たる郡を代表するものにして公の職務を有すべき性質のものなり只だ之を任用する上に於て一個人の投票方法によるのみ故に一個人の委囑等に應ずるの義務なし否決して之を受くる能はざるなり

第三十五條 郡會ハ議員中ヨリ議長副議長一名ヲ選擧スヘシ

議長副議長ハ議員ノ定期改選毎ニ之ヲ改選スヘシ

第三十六條 議長故障アルトキハ副議長之ニ代リ議長副議長共ニ故障アルトキハ臨時ニ議員中ヨリ假議長ヲ選擧スヘシ

（說明）右二个條は郡會は各員中より議長又は副議長に選擧することを定め若し郡長に於て故障あるときは副議長之に代はるへき等法文簡明說明を要せず

第三十七條 郡長及其ノ委任若ハ囑託ヲ受クタル官吏吏員ハ會議ニ列席シテ議事ニ參與スルコトヲ得但シ議決ニ加ハルコトヲ得ス

前項ノ列席者ニ於テ發言ヲ求ムルトキハ議長は直ニ之ヲ許スヘシ但シ之カ爲議員ノ演說ヲ中止セシムルコトヲ得ス

（說明）本條は郡長及其委囑を受けたる者は議場に列席して意見を陳述し得べきを定めたり

そも郡長は郡會の議決を實行する理事機關なり、又た多くは議案の提出者なり故に其議案の理由實行の便否を開陳せんが爲めに何時にても議場に列席して意見を陳述することを得べきなり若し郡長に於て病氣其他事故の爲め列席する能はざる場合ありたるときは郡長の委任者は郡長と同樣列席參與の權を有す、然れども郡會議員たるの資格を有せざるを以て議決に參與することを得ず

第三十八條　郡會ハ通常會及臨時會トス

通常會ハ每年一回之ヲ開ク其ノ會期ハ十四日以內トス臨時會ハ必要アル場合ニ於テ其ノ事件ニ限リ之ヲ開ク其ノ會期ハ五日以內トス

臨時會ニ付スヘキ事件ハ豫メ之ヲ告示スヘシ但シ其ノ開會中急施ヲ要スル事件アルトキハ郡長ハ直ニ之レヲ其ノ會議ニ付スルコトヲ得

（說明）　本條は郡會の種類及び會期を定めたる規定なり

そも郡會の種類には二あり曰く通常會曰く臨時會とす而して通常會は每年一回之を開き、臨時會は必要ある場合に事其件に限り之を開くべくして每年一回の如き制限あるにあらず其必要生じたるときは幾回にても之を開會することを得

べきなり

通常會は一年内の豫算決算は素より苟も郡會の權限に屬する事項は之を議決することを得べきを以て別段之を告示して參考に供するの要なし之に反して臨時會に於て議決すへき事項の如何は得て知る能はざるを以て豫め之を告示するの要あるなり然れども緊要なる事件即ち天災地變若は惡疫流行等の如き急施を要するものは開會中なれば豫め告示するを要せず直ちに會議に付することを得べし

第三十九條　郡會ハ郡長之ヲ招集ス

招集ハ開會ノ日ヨリ少クトモ十日前ニ告示スヘシ但シ急施ヲ要スル場合ハ此ノ限ニ在ラス郡長之ヲ開閉ス

（說明）　本條は郡會の招集、開閉は郡長に於てなすべきを定む

郡會の招集は少なくとも十日前に之を告示すべし但し天災地變其他惡疫流行等急施を要すべき場合に於ては郡の公利公益を保持するに急迫にして議員の一身

上の都合を顧慮するの遑なし是れ例外を掲げたる所以なり
郡會は其郡行政の主宰者たる郡長によりて招集せらるゝを以て其郡會の開會閉會も亦た郡長に屬す然れども玆に所謂開閉と云ふ意味は開會式は閉會式を行はしむる意味にて郡長をして随意に郡會の開閉を命ずるの精神にあらず

第四十條 郡會ハ議員定員ノ半數以上出席スルニ非サレハ會議ヲ開クコトヲ得ス

（説明） 本條は議員半數以上出席するにあらざれば流會たるべきを定む
凡そ代議機關をして會議せしむるの主旨は輿論の歸する處に依りて事を決せんとするにあり故に其結果を重んずるよりして半數以上出席するにあらざれば會議を開き議決をなすことを許さゞるなり

第四十一條 郡會ノ議事ハ過半數ヲ以テ決ス可否同數ナルトキハ議長ノ決スル所ニ依ル

（説明） 本條は郡會の決議方法を定む
會議決議法には二主義あり一を過半數主義と云ひ一を比較多數主義之二種類と

す過半數主義とは出席議員半數以上の同意を云ひ比較多數とは他說に比較して多數なるを云ふ本法の採用せる方法は取りも直さず過半數主義にして出席議員半數以上を以て決す可きものとせり蓋し其議事を鄭重ならしめんが爲めなり

第四十二條 議長及議員ハ自己若ハ父母祖父母妻子孫兄弟姉妹ノ一身上ニ關スル事件ニ付テハ郡會ノ同意ヲ得ルニ非サレハ其議事ニ參與スルコトヲ得ス

（說明）本條は議員の近親間の一身上に關する事件に付ての規定なり元來人情の常態として近親間の一身上に關する事項は往々其感情に動かされて私情に流れ易し故に斯の如き關係を有する議員は郡會に於て出席するに付き同意を得るの外議事に參與することを許さず其詳細の解釋は府縣制五四條を參照すべし

第四十三條 法律命令ノ規定ニ依リ郡會ニ於テ選擧ヲ行フトキハ一名毎ニ匿名投票ヲ爲シ有効投票ノ過半數ヲ得タル者ヲ以テ當選トス若過半數ヲ得タル者ナキトキハ最多數ヲ得タル者二名ヲ取リ之ニ就キ決選投票ヲ爲サシム其ノ二名ヲ取ルニ當

リ同數者アルトキハ年長者ヲ取リ同年月ナルトキハ議長抽籤シテ之ヲ定ム此ノ決選投票ニ於テハ最多數ヲ得タル者ヲ以テ當選トス若同數ナルトキハ年長者ヲ取リ同年月ナルトキハ議長抽籤シテ之ヲ定ム其ノ他ハ第十五條乃至第十七條ノ規定ヲ準用ス

前項ノ選擧ニ付テハ郡會ハ其ノ議決ヲ以テ指名推選若ハ連名投票ノ法ヲ用ウルコトヲ得其ノ連名投票ノ法ヲ用ウル場合ニ於テハ前項ノ例ニ依ル

（說明）本條は郡會に於て選擧及び當選者を定むる方法を規定したる條項なり府縣會に於ける同法第五十五條の規定と同一なるを以て重複を避け茲に之を冗述せず其他本法第十五條乃至第十七條の規定を參照すれば炳乎として明白なり

第四十四條 郡會ノ會議ハ公開ス但シ左ノ場合ハ此ノ限ニ在ラス

一 郡長ヨリ傍聽禁止ノ要求ヲ受ケタルトキ

二 議長若ハ議員三名以上ノ發議ニ依リ傍聽禁止ヲ可決シタルトキ

前項議長若ハ議員ノ發議ハ討論ヲ須ヒス其ノ可否ヲ決スヘシ

（說明）　本條は郡會の會議は公開すべきを定む
郡會は郡を代表し郡の公利公益を增進するが爲に開くものなれば之を公けにするときは第一議事の公平を明かにし又た第二に施政の實況を知らしむるの便宜あるよりして之を公開すべきものとす乍併公開反て公益を害し其他不都合の場合なきにあらず斯る場合に於ては已むを得ず郡長の請求其他郡會に於て議決したるときは之を秘密にすべきものとす

第四十五條　議長ハ會議ノ事ヲ總理シ議會ノ順序ヲ定メ其ノ日ノ會議ヲ開閉シ議場ノ秩序ヲ保持ス

第四十六條　郡會議員ハ會議中無禮ノ語ヲ用ヰ又ハ他人ノ身上ニ渉リ言論スルコトヲ得ス

第四十七條　會議中此ノ法律若ハ會議規則ニ違ヒ其ノ他議場ノ秩序ヲ紊ル議員アルトキハ議長ハ之ヲ制止シ若ハ發言ヲ取消サシメ命ニ從ハサルトキハ議長ハ當日ノ會議ヲ終ルマテ發言ヲ禁止シ又ハ議場ノ外ニ退去セシメ必要ナル場合ニ於テハ警

察官吏ノ處分ヲ求ムルコトヲ得
議場騷擾ニシテ整理シ難キトキハ議長ハ當日ノ會議ヲ中止シ又ハ之ヲ閉ツルコトヲ得

第四十八條 傍聽人公然可否ヲ表シ又ハ喧騷ニ渉リ其他會議ノ妨害ヲ爲ストキハ議長ハ之ヲ制止シ命ニ從ハサルトキハ之ヲ退場セシメ必要ナル場合ニ於テハ警察官吏ノ處分ヲ求ムルコトヲ得
傍聽騷擾ナルトキハ議長ハ總テノ傍聽人ヲ退場セシメ必要ナル場合ニ於テハ警察官吏ノ處分ヲ求ムルコトヲ得

第四十九條 議場ノ秩序ヲ紊シ又ハ會議ノ妨害ヲ爲ス者アルトキハ議員若ハ第三十七條ノ列席者ハ議長ノ注意ヲ喚起スルコトヲ得

（說明） 以上五ケ條は郡長が會議を總理して議場の秩序を保持するに付緊要なる規定なり其詳細の解釋は府縣制第五十七條乃至第六十二條に詳述せしを以て宜しく參照せらるべし

第五十條　郡會ニ書記ヲ置キ議長ニ隷屬シテ庶務ヲ處理セシム書記ハ議長之ヲ任免ス

（說明）本條は郡會に書記を置くへきことを定めたる規定なり後日の考證の爲めに書記錄の必要あるは次條に於て明なり故に郡會に於て其書記の必要ある固より論を俟たず而して書記は議長に於て任免し議長に屬して內部の事を掌るへきなり

第五十一條　議長ハ書記ヲシテ會議錄ヲ製シ會議ノ顚末竝出席議員ノ氏名ヲ記載セシムヘシ會議錄ハ議長及議員二名以上之ニ署名スルヲ要ス其ノ議員ハ郡會ニ於テ之ヲ定ムヘシ

議長ハ會議錄ヲ添ヘ會議ノ結果ヲ郡長ニ報告スヘシ

（說明）本條は議事錄の調製方法を規定す

議事錄は他日の考證の爲めに大必要あるなり而して議事の顚末とは何々事件に付ては何讀會を開き審理の末如何に決定せしやの始末を云ひ幷に出席せし議員

の氏名等を記載すべきものとす、而して其議事錄は書記の作製すべきものなるも議長及び議員二名以上之に署名すべきものとす是れ蓋し誤謬あるときは其責任者を定め一層之を鄭重にするにあり

郡長は郡の主宰者なるを以て議長は會議錄を添へ郡會の顚末を郡長に報告すべきなり

第五十二條 郡會ハ會議規則及傍聽人取締規則ヲ設ケ府縣知事ノ許可ヲ受クヘシ

會議規則ニハ此ノ法律竝會議規則ニ違背シタル議員ニ對シ郡會ノ議決ニ依リ三日以內出席ヲ停止スル規定ヲ設クルコトヲ得

（說明） 本條は郡會に於て其內部の規則を定め得べき規定なり

本條の所謂會議規定とは議會開場の手續議決方法筆記の手續其他議事に關する一切の規定を云ひ次に傍聽人取締規則とは假令ば傍聽人に喫烟を禁じ其他人員を制限する規定の如し

又た會議規則には此法律又は會議規定に違背したる議員に對し郡會の議決を經

て三日以内出席を停止するの規定を設くることを許せり

第三章　郡參事會

（說明）抑も郡を自治するには郡會と郡參事會は共に欠くべからざる機關にして偏廢すべからず郡會は代議機關にして重要の事項を議決するにあり郡參事會は其郡會の議決を執行する機關とす

第一欵　組織及ヒ選擧

第五十三條　郡ニ郡參事會ヲ置キ左ノ職員ヲ以テ之ヲ組織ス

一　郡長

二　名譽職參事會員　　五名

（說明）本條は郡參事會を組織する職員を定む

郡には郡會及び郡參事會の兩機關あるは恰も鳥の双翼の如く何れも偏廢すべきにあらず而して如何なる職員を以て組織せらるゝやと云ふに第一、郡長第二、名譽職參事會五名を以て組織す蓋し郡參事會は自治の行政を爲すと同時に國家の委任によりて國務を執るものなるを以て何れにも偏せざる主義よりして一方には人民の利益を損せざることを勉め一方には國家の利益を傷けさらんことを注意して國家の任命する郡長と郡の代表者たる參事會員とを以て組織す

第五十四條　名譽職參事會員ハ郡會ニ於テ議員中ヨリ之ヲ選擧スヘシ

郡會ハ名譽職參事會員ト同數ノ補充員ヲ選擧スヘシ

名譽職參事會員中闕員アルトキハ郡長ハ補充員ノ中ニ就キ之ヲ補闕ス其ノ順序ハ選擧同時ナルトキハ投票數ニ依リ投票同數ナルトキハ年長者ヲ取リ同年月ナルトキハ抽籤ニ依リ選擧ノ時ヲ異ニスルトキハ選擧ノ前後ニ依ル仍闕員ヲ生シタル場合ニ於テハ臨時補闕選擧ヲ行フヘシ

補闕員ハ前任者ノ殘任期間在任ス

名譽職參事會員及其ノ補充員ハ郡會議員ノ定期改選毎ニ之ヲ改選スヘシ但シ名譽職參事會員ハ後任者就任ノ日マテ在任ス

（說明）　本條は名譽職參事會員選擧方法及ひ其任期を定めたる規定なり、名譽職參事會員の選擧を郡會議員中より選擧すへきものとす其定數は五名とす尙ほ郡會は同數の補充員は選擧すへきものとす何んとなれは名譽職參事會員は元と其職に專任する官吏にあらす自家の職務の傍ら參事會の職務を掌るものなるを以て欠員を生する亦少なしとせす殊に郡參事會は第六十一條の定數に滿たされは會議を開く能はさるを以て旁に本條を於て速に其欠員を補充するの途を開けり

而して參事會員中欠員ありたるときは郡長に於て其補充員中より之を充つ其順序は選擧同時なるときは投票數により若し同數なれは年長者萬一同年月なるときは抽籤方法による而して其任期は前任者の殘任期とす

右參事會員及ひ其補充員は郡會議員の定期改選每に之を改選すへきものとす去れと郡の行政は一日も其運轉を停止する能はさるを以て假令前述の任期間を經過するも後任者就任して其行政事務に從事する迄在任すへきものとす

第五十五條 郡參事會ハ郡長ヲ以テ議長トス郡長故障アルトキハ出席會員中ヨリ臨

時議長ヲ互選スヘシ

（說明）本條は郡參事會の議長を定む

郡の參事會は衆議體なるを以て議事の秩序整理を爲す人を要す是れ本條に於て郡長を以て議長となし郡長事故あるときは出席會員中より臨時議長を互選すへきものとしたるなり

第二欵　職務權限及ヒ處務規程

第五十六條　郡參事會ノ職務權限左ノ如シ

一　郡會ノ權限ニ屬スル事件ニシテ其ノ委任ヲ受ケタルモノヲ議決スル事

二　郡會ノ權限ニ屬スル事件ニシテ臨時急施ヲ要シ議長ニ於テ之ヲ招集スルノ暇ナシト認ムルトキ郡會ニ代テ議決スル事

三　郡長ヨリ郡會ニ提出スル議案ニ付郡長ニ對シ意見ヲ述フル事

四　郡會ノ議決シタル範圍內ニ於テ財產及營造物ノ管理ニ關シ重要ナル事項ヲ議決スル事

五　費ヲ以テ支辨スヘキ工事ノ執行ニ關スル規定ヲ議決スル事但シ法律命令中別段ノ規定アルモノハ此ノ限ニ在ラス
六　郡ニ係ル訴願訴訟及和解ニ關スル事項ヲ議決スル事
七　其ノ他法律命令ニ依リ郡參事會ノ權限ニ屬スル事項
（說明）　本條は郡參事會の權限を規定したる條項なり
一　第三十條の規定により郡會の決議を以て其權限內に屬する事件を特に委任せられたるときは郡參事會に於て其事項を議決すへきものとす而して効力は郡會の議決と同一なり
二　郡會に於て議決すへき事件なるも臨時急施を要するもの假令は天災地變の爲め速に適當の處置を施さゝれは非常に損害を受くる如きときに郡長に於て郡會を招集する暇なしと認むるときは郡會に代りて其事項を議決す
三　郡長より郡會に提出する議案は必らす參事會に於て之を閱覽して意見を述ふへし蓋し議案をして一層正確ならしむる主旨なり

四　郡の財産及ひ營造物は郡會に於て其管理方法を定む然れとも其範圍内に於て尙ほ實際上管理に必要なる細則は參事會に於て議決すへきを定む

五　起工を是認し之れか費用を支出するか如きことも概ね郡會の權限に屬す然れとも郡會は其工事に關する少細の細則までを議決すること實際に於て爲し得へからさるを以て此權限を參事會に與へたるなり

六　郡參事會は郡に係る訴願訴訟、和解に關する事項を議決すへきものとす

七　前述の外法律閣令、省令等によりて委任せられたる事件は參事會に於て處分せさるへからす

第五十七條　郡參事會ハ名譽職參事會員中ヨリ委員ヲ選擧シ之ヲシテ郡ニ係ル出納ヲ檢査セシムルコトヲ得

前項ノ檢査ニハ郡長又ハ其ノ指命シタル官吏若ハ吏員之ニ立會フコトヲ要ス

（說明）　本條は委員選擧に關する規定なり

郡會は豫算決算に關する事項を議決するの權限ありとするも實際其實況を視察

するにあらされは其詳細の正不正を甄別すること能はさるを以て委員を設け其任に當らしむることを得るものとす乍併其委員のみを以て視察を一任するは亦た間違なきを保す可からす又た其實況を辯明するに於ても其要あれは郡長又は郡長の指定したる吏員之に立會ふことを要するなり

第五十八條 第三十二條第三十三條第三十七條及第五十條ノ規定ハ郡參事會ニ之ヲ準用ス

（說明） 本條は郡會の條項を準用すへき規定なり第三十二條公益に關する事件に付意見書を監督官廳に呈出すること又第三十七條官廳より諮問ありたるときは意見を答申するを得ること及ひ郡長又は其代理人か會議に列するを得ること其他第五十條の郡會に書記を置くの規定を郡參事會に準用したるなり元來準用とは適用と其意義を異にし文字字體の示す如く同しき處は準し用ゆるとの意味なりとす

第五十九條　郡參事會ハ郡長之ヲ招集ス若名譽職參事會員半數以上ノ請求アル場合ニ於テ相當ノ理由アリト認ムルトキハ郡長ハ郡參事會ヲ招集スヘシ

郡參事會ノ會期ハ郡長之ヲ定ム

（說明）　本條は郡參事會の招集に關する規定なり

其招集は開會の必要あるときは郡の主宰者たる郡長之を招集すへきものとす亦名譽職參事會員半數以上の請求と相當の理由ありと認むるときは郡長に於て假令ひ反對の意思なるも之を招集せさるへからす

次に郡參事會の會期は郡長に於て之を決定するものとす

第六十條　郡參事會ノ會議ハ傍聽ヲ許サス

（說明）　本條は郡參事會は傍聽を許さゞることを定む

郡參事會の事務は執行事務を審案熟議を遂ぐるに在り今若し此會議を公開するときは行政の機密を漏らし施政の狀害を生じ會員の發議常に圭角を生じて圓滑を失ふに至るを以て郡參事會は公開せざることゝせり

第六十一條　郡參事會ハ議長及名譽職參事會員定員ノ半數以上出席スルニ非サレハ會議ヲ開クコトヲ得ス

第五十六條第二ノ議決ヲ爲ストキハ郡長ハ其ノ議決ニ加ハルコトヲ得ス

郡參事會ノ議事ハ過半數ヲ以テ決ス可否同數ナルトキハ議長ノ決スル所ニ依ル

會議ノ顚末ハ之ヲ會議錄ニ記載シ議長及名譽職參事會員二名以上之ニ署名スヘシ

（說明）　本條は郡參事會の會議に關する規定なり

本條は府縣制第七十三條と同じ其第二項に「第五十六條第二の議決を爲すときは郡長は其議決に加ふることを得す云々」とは如何なる意義なりや之れ畢竟郡長に於て議決すへき事項に屬し只た急施を要するの故を以て郡參事會に於て便宜之を行ふ迄なれば郡會議員にあらざる郡長は其議決に加ふることを得ずして郡會組立の性質と同じく人民の代表者のみによりて之を爲し官權の干涉を避くる所以なり

第六十二條　第四十二條ノ規定ハ郡參事會員ニ之ヲ準用ス但シ同條ノ規定ニ依リ會

員ノ數減少シテ前條第一項ノ數ヲ得サルトキハ郡長ハ補充員ニシテ其ノ事件ニ關係ナキモノヲ以テ第五十四條第三項ノ順序ニ依リ臨時之ニ充テ仍其ノ數ヲ得サルトキハ郡會議員ニシテ其ノ事件ニ關係ナキ者ヲ臨時ニ指名シ其ノ闕員ヲ補充スヘシ

（說明） 本條は近親等の身上に關する場合の規定なり

本條に第四十二條の規定と同一の趣旨に依り議事の公平を保たんが爲め郡參事會員も亦自己の近親間の一身上の議事に參與することを得ず而して參事會員は少數なるを以て時に或は之れが爲に減少して定數の半數以上出席する能はざる場合なきにあらず斯る場合に於て郡長は其事件に關係なき補充員中より臨時之に充て決議をなすへし尙ほ其詳細は府縣制第七十四條に詳論せるを以て玆に之を贅せず

第四章　郡行政

（說明） 本章は郡の行政を行ふ職員、組織、任免及び其職務權限、及び其處務

規定其他給料給與に關する規定をなしたるなり

第一款　郡吏員ノ組織及ヒ任免

第六十三條　郡ニ有給ノ郡吏員ヲ置クコトヲ得其ノ定員ハ府縣知事ノ許可ヲ得テ郡長之ヲ定ム前項ノ郡吏員ハ府縣知事之ヲ任免ス

（説明）本條は郡に有給の吏員を置くことに關する規定なり

郡には郡會あり郡參事會ありて郡の諸般の事項を處理するも煩雜なる事務は到底兩機關に任する所にあらず故に郡に有給の吏員を置くことを得へきものとす而して其員數を定むるは郡長より府縣知事の許可を得て之を定むべきものとす

第六十四條　郡ニ郡出納吏ヲ置キ官吏吏員ノ中ニ就キ郡長之ヲ命ス

（説明）本條は郡長に於て郡に出納吏を定むることを得へき規定なり

郡の會計の事に關しては以下に於て之を詳述するも郡は常に收入を領收し又支拂をなすの必要あるへきを以て郡の官吏々員中より郡長に於て其出納吏を置き郡長之を任命す可きものとす

第六十五條　郡ハ郡會ノ議決ヲ經府縣知事ノ許可ヲ得テ臨時若ハ常設ノ委員ヲ置クコトヲ得委員ハ名譽職トス

委員ノ組織選任任期等ニ關スル事項ハ郡會ノ議決ヲ經府縣知事ノ許可ヲ得テ郡長之ヲ定ム

（說明）　本條は郡の委員設置に關する規定なり

抑も郡に委員を設けたる趣旨は行政事務日に月に熾なるよりして自治體に屬する或る一部の事を斯道に經驗ある者に委托せしむるときは第一費用を省き第二便宜に出て加ふるに自治制度の發達を封助するに便益あるを以てなり假令ば水道運河の一部を調査せしむる爲めに調査委員を設け又た敎育家に委托して敎育上の調査を爲さしめ醫士に委托して病院を管理せしむるが如し

第二款　郡官吏郡吏員ノ職務權限及處務規程

第六十六條　郡長ハ郡ヲ統轄シ郡ヲ代表ス

郡長ノ擔任スル事務ノ概目左ノ如シ

一　會費ヲ以テ支辨スヘキ事件ヲ執行スル事
二　郡會及郡參事會ノ議決ヲ經ヘキ事件ニ付其ノ議案ヲ發スル事
三　財產及營造物ヲ管理スル事但シ特ニ之カ管理者アルトキハ其ノ事務ヲ監督スル事
四　收入支出ヲ命令シ及會計ヲ監督スル事
五　證書及公文書類ヲ保管スル事
六　法律命令又ハ郡會若ハ郡參事會ノ議決ニ依リ使用料手數料郡費及夫役現品ヲ賦課徵收スル事
七　其ノ他法律命令ニ依リ郡長ノ職權ニ屬スル事項

（說明）　本條は郡長の權限を定む

抑〻郡長は府縣知事と同じく二樣の職權を有す即ち國家吏員として國務を司掌するの外郡の參事會員として自治事務を採り加ふるに郡を總轄して外部に向て郡を代表するものとす而して自治行政に關して其の司掌する事務の概目を左の

如し

一　郡費を以て支辨すへき事件は郡會に於て其支辨の得策方法等を議決すへきものなり而して其議決を經たるときを郡長は實行者として其事務を執行するものとす

二　郡會に於て議決すへき事項は第廿九條に規定せり郡參事會に於て議決すへき事項は第六十六條に掲けたり此等皆重要なる事件に屬す而して其議決を要すへき事件に對する發案は郡の主宰者たる郡長之を有す

三　財産及營造物の何たるやは既に之を述べたり而して郡長は郡の主宰者として其財産又營造物を管理すべきものとす然れども便宜上特に之れが管理者を設けあるときは郡長は其事務を監督するに止まる

四　元來郡の會計は自治行政の上に付き大に郡の利害得失に繫るを以て郡長は出納吏に其收入支出を命令し其他會計に關する整理を監督するものとす

五　證書及び公文書類は共に訴願訴訟の唯一の證據となり其他郡に關する總て

の事柄を證明すべき材料なるを以て之れが管理を爲さゞるべからず

六　郡長は外部に對する實行者なるを以て使用料手數料郡費夫役現品の賦課徵發（府縣制四十一條看照）に關し法律命令又は郡會郡參事の議決を實行すべきものとす

七　以上の事項以外に法律勅令閣令省令等により尙ほ郡長の職權に屬すべきものは盡く之を擔任し實行すべきものとす

第六十七條　郡長ハ議案ヲ郡會ニ提出スル前之ヲ郡參事會ノ審査ニ付シ若郡參事會ト其ノ意見ヲ異ニスルトキハ郡參事會ノ意見ヲ議案ニ添ヘ郡會ニ提出スヘシ

（說明）　本條は郡會提出の議案審査のことを定めたり

前條の規定するが如く郡會は議案を郡會に發すべきの權限を有す然れども一の制限として郡會に提出する前に先つ之を郡參事會の審査に委ね其意見を徵すべし若し其意見が異なるときは郡參事會の意見を議案に添付して郡會に提出すべきものとす

第六十八條 郡長ハ郡ノ行政ニ關シ其ノ職權ニ屬スル事務ノ一部ヲ町村吏員ニ補助執行セシメ若ハ委任スルコトヲ得

郡長ハ郡ノ行政ニ關シ其ノ權職ニ屬スル事務ノ一部ヲ郡吏員ニ臨時代理セシムルコトヲ得

（說明） 本條は郡長の司掌する事務の一部を他人に補助執行すべきことを定む郡長の事務は頗る繁劇なるを以て一人にて總て之を處理するときは事務の澁滯を來し爲めに弊害を釀すなきを得す故に其職務に屬する事務の一部を殺きて之を町村吏員に補助執行せしめ又は委任することを得べきものとす又其一部を郡吏員に臨時代理執行せしむることを得べきものとす

第六十九條 郡會若ハ郡參事會ノ議決若ハ選擧其ノ權限ヲ越エ又ハ法律命令ニ背クト認ムルトキハ郡長ハ自己ノ意見ニ依リ又ハ監督官廳ノ指揮ニ依リ理由ヲ示シテ直ニ其ノ議決若ハ選擧ヲ取消シ又ハ議決ニ付テハ再議ニ付シタル上仍其ノ議決ヲ改メサルトキ之ヲ取消スヘシ

前項取消處分ニ不服アル郡會若ハ郡參事會ハ府縣參事會ニ訴願シ其ノ裁決ニ不服アルトキハ行政裁判所ニ出訴スルコトヲ得

前項ノ裁決ニ關シテハ府縣知事郡長ヨリモ亦訴訟ヲ提起スルコトヲ得

郡會若ハ郡參事會ノ議決公益ニ害アリト認ムルトキハ郡長ハ自己ノ意見ニ依リ又ハ監督官廳ノ指揮ニ依リ理由ヲ示シテ之ヲ再議ニ付シ仍其ノ議決ヲ改メサルトキハ府縣知事ニ具狀シテ指揮ヲ請フヘシ

前項府縣知事ノ處分ニ不服アル郡會若ハ郡參事會ハ内務大臣ニ訴願スルコトヲ得

（説明）　本條は郡會郡參事會の決議及選擧に對する郡長の權限を規定したるなり郡會及び郡參事會の議決すべき事項及び選擧方法は既に之を述べたり若し議決若くは選擧にして自己の有する權限の範圍を逸出し又は法律命令に違背し若くは公益に害ありと認むるときは郡の總轄者たる郡長は當然其議決及び選擧を取消すべきなり然し此の取消處分に不服なる郡會又は郡參事會は之に對して訴願訴訟を爲すことを得蓋し機關にして郡の利害休戚を慮る以上は之に對し其意

見を伸張するの途を開くは當然のことなりとす詳細は府縣制第八十二條の解釋を參照せらるべし

第七十條 郡會若ハ郡參事會ニ於テ郡ノ收支ニ關シ不穩當ノ議決ヲ爲シタルトキハ郡長ハ自己ノ意見ニ依リ又ハ監督官廳ノ指揮ニ依リ理由ヲ示シテ之ヲ再議ニ付シ仍其議決ヲ改メサルトキハ府縣知事ニ具狀シテ指揮ヲ請フヘシ但シ場合ニ依リ再議ニ付セスシテ直ニ府縣知事ノ指揮ヲ請フコトヲ得

前項府縣知事ノ處分ニ不服アル郡會若ハ郡參事會ハ內務大臣ニ訴願スルコトヲ得

(說明) 本條は郡長が再議を請求すべき權限を規定せるなり

郡會又は郡參事會に於て郡の收入支出に關し施政に差支ふるが如き非常の削除を爲すか又は町村人民の負擔に堪へ難き酷税を科するが如き不適當の議決を爲したるときは郡長は自己の意見若くは府縣知事たる監督官廳の指揮に依り理由を付して再議せしめ尙ほ前議を飜さざるときは府縣知事に具狀して其指揮を請ふべきなり乍併其形勢再議に付するも其効果なしと認むるときは直ちに府縣知

事の指揮を請ふべきなり

第七十一條 郡長ハ期日ヲ定メテ郡會ノ停會ヲ命スルコトヲ得

（說明） 本條は郡長に於て停會を命ずる權限あることを定めたるなり

郡長は郡會の形勢公平を失し又は不適法と認むるときは之れか反省を促す爲め期間を定めて停會を命ずる權限あるものとす

第七十二條 郡會若ハ郡參事會招集ニ應セス又ハ成立セサルトキハ郡長ハ府縣知事ニ具狀シテ指揮ヲ請ヒ其ノ議決スヘキ事件ヲ處分スルコトヲ得第四十二條第六十二條ノ場合ニ於テ會議ヲ開クコト能ハサルトキ亦同シ

郡會若ハ郡參事會ニ於テ其ノ議決スヘキ事件ヲ議決セス又ハ郡會ニ於テ其ノ招集前告示セラレタル事件ニ關シ議案ヲ議了セサルトキハ前項ノ例ニ依ル

郡參事會ノ決定若ハ裁決スヘキ事項ニ關シテハ本條第一項第二項ノ例ニ依ル此ノ場合ニ於ケル郡長ノ處分ニ關シテハ各本條ノ規定ニ準シ訴願及訴訟ヲ提起スルコトヲ得

本條ノ處分ハ次ノ會期ニ於テ之ヲ郡會若ハ郡參事會ニ報告スヘシ

（說明）　本條は郡會又は郡參事會に於て行ふべき事項を郡長に於て行ふべき變例の場合とす

官の信用する官吏のみに郡の自治行政を掌らしむるは自治の本分にあらず然れども之れか機關たる處の郡會若くは郡參事會招集に應せず又は成立せざるときは隨て自治の事務を休止せしむるの已むを得ざるよりして變例として郡長は監督官たる府縣知事の指揮に從ひ其議決すべき事件を處分することを得るものとなしたるなり尙ほ第四十二條第六十二條の自己若くは近親の關係より除斥の結果本會議を開く能はざるときも亦た此變例によるべきことを明記して其疑問を氷解す

郡會若くは郡參事會に於て其議決すべき事件を決議せず又は郡會に於て其招集前告示せられたる事件を議了せざるときは從て自治の事務を停止せしむるの已を得さるを以て無據故意に出つると怠慢に出つ るとを問はず第一項の例に依

る
然し以上の處分は畢竟已むを得ざる場合の變例なるを以て郡長は其處分如何を次の會期に於て之を郡會若くは郡參事會に報告すべきものとす

第七十三條 郡參事會ノ權限ニ關スル事件ニシテ臨時急施ヲ要シ郡長ニ於テ之ヲ招集スルノ暇ナシト認ムルトキハ郡長ハ專決處分シ次ノ會期ニ於テ其ノ處分ヲ郡參事會ニ報告スヘシ

（說明） 本條は郡參事會の權限に屬する事項を郡長に於て專決處置を爲すべき變例の場合なり
郡參事會の權限に屬する事件なるも天災地變の防禦其他急施を要すべきものは片時も猶豫すべきに非らず郡參事會を招集する暇なきときは郡長に於て專決處置を爲すべきことを得べきなり是れ變に處するの已むを得ざればなり然し其專決處置は變例なるを以て次の會期に其處置を郡參事會に報告すべきものとす

第七十四條 郡參事會ノ權限ニ屬スル事項ハ其ノ議決ニ依リ郡長ニ於テ專決處分ス

ルコトヲ得

（說明）本條は郡參事會の權限の範圍に屬する事件なるも其參事會の決議により郡長に委任して實行せしめることを定めたる便宜規定なり

第七十五條 官吏ノ郡行政ニ關スル職務關係ハ此ノ法律中規定アルモノヲ除ク外國ノ行政ニ關スル其職務關係ノ例ニ依ル

（說明）官吏の郡の行政に關する職務關係は此郡制中特別の規定あるものは勿論之れに準據すべき論を竢たす若し然らざるときは渾て一般國の行政に關する其の職務關係の例に依るべきものとす

第七十六條 郡出納吏ハ出納事務ヲ掌ル

第七十七條 郡吏員ハ郡長ノ命ヲ承ケ事務ニ從事ス

右に關係しては明之簡明說明を要なし

第七十八條 委員ハ郡長ノ指揮監督ヲ承ケ財産若ハ營業物ヲ管理シ其ノ他郡行政事務ノ一部ヲ調査シ又ハ一時ノ委託ニ依リ事務ヲ處辨ス

（說明）本條は委員の職務を規定したる條文なり委員を定むることは前既に之を述べたり本條は其職務を規定したるものなり即ち郡長の指揮監督の下に於て財產又は營造物を管理し其他行政の一部を調査し又は委託によりて其事務を處辨するものとす

第七十九條 郡ノ事務ニ關スル處務規程ハ郡長之ヲ定ム

（說明）本條は郡の事務を處理する規程は何人か之を定むべきやを規定したるものにして法文闡明贅言を要せず

第三款　給料及ヒ給與

第八十條 有給郡吏員ノ給料額竝旅費額及其ノ支給方法ハ府縣知事ノ許可ヲ得テ郡長之ヲ定ム

第八十一條 郡會議員名譽職參事會員其ノ他名譽職員ハ職務ノ爲要スル費用ノ辨償ヲ受クルコトヲ得

費用辨償額及其ノ支給方法ハ郡會ノ議決ヲ經府縣知事ノ許可ヲ得テ議長之ヲ定ム

若之ヲ許可スヘカラスト認ムルトキハ府縣知事之ヲ定ム

第八十二條 有給郡吏員ノ退隱料退職給與金遺族扶助料及其ノ支給方法ハ郡會ノ議決ヲ經內務大臣ノ許可ヲ得テ郡長之ヲ定ム若許可スヘカラスト認ムルトキハ內務大臣之ヲ定ム

第八十三條 退隱料退職給與金遺族扶助料及費用辨償ノ給與ニ關シ異議アルトキハ之ヲ郡長ニ申立ツルコトヲ得

前項ノ異議ハ之ヲ郡參事會ノ決定ニ付スヘシ其ノ決定ニ不服アル者ハ府縣參事會ニ訴願シ其ノ裁決ニ不服アル者ハ行政裁判所ニ出訴スルコトヲ得

前項ノ決定裁決ニ關シテハ府縣知事郡長ヨリモ亦訴願及訴訟ヲ提起スルコトヲ得

第八十四條 給料旅費退隱料退職給與金遺族扶助料費用辨償其ノ他諸給與ハ郡ノ負擔トス

（說明） 本款の規定は別段疑義の其間に挾まるゝことなく又た府縣制第四章第三款に於て之を論述せると同一なるを以て玆に之を贅せず讀者宜しく參照せら

るべし

第五章　郡ノ財務

（說明）郡は前既に之を述べたるか如く自治團體にして人格を有す人格ある以上は之れが經費なかるべからず其經費は何によりて得べきや其財源等の如何は本章に於て之を規定したるなり

第一款　財產營造物及ヒ郡費稅

第八十五條　郡ハ積立金穀等ヲ設クルコトヲ得

（說明）本條郡には每年の經常費の外臨時災害不慮に備ふる爲に金穀を積立て置き以て其準備に供し得べきことを定めたり

第八十六條　郡ニハ營造物若ハ公共ノ用ニ供シタル財產の使用ニ付使用料ヲ徵收シ又ハ特ニ一個人ノ爲ニスル事務ニ付手數料ヲ徵收スルコトヲ得

（說明）本條は一個人が特に郡の財產を使用せしとき又は特に一個人の爲めに事務を執りたるときは其者に對し使用料又は手數料を徵收し得べきことを定む

第八十七條　此ノ法律中別ニ規定アルモノヲ除ク外使用料手數料ニ關スル細則ハ郡會ノ議決ヲ經府縣知事ノ許可ヲ得テ郡長之ヲ定ム其ノ細則ニハ過料二圓以下ノ罰則ヲ設クルコトヲ得

過料ニ處シ及之ヲ徵收スルハ郡長之ヲ掌ル其ノ處分ニ不服アル者ハ府縣參事會ニ訴願シ其ノ裁決ニ不服アル者ハ行政裁判所ニ出訴スルコトヲ得

前項ノ裁決ニ關シテハ府縣知事郡長ヨリモ亦訴訟ヲ提起スルコトヲ得

（說明）　本條は手數料及び使用料の徵收に關する細則を定むべき方法を規定す手數料使用料を徵收し得べきことは前條に於て之を規定す本條は其細則を定むべきことを明かにす素より本法中に特別規定あるものは之に從ふべきは論を要せず然し其餘の細則に至りては如何すべきや郡會の決議と知事の許可とを經て郡長に於て之を定むべきものとせり又た其細則に過料を付せんには二圓以下の制限に於て之を設くることを得べきを定む

第二項は過料の執行者の何人なるやを定む即ち郡長に於て之を掌る然し其處分

に不服あるものは府縣參事會に向ほ最後に行政裁判所に出訴することを得べきものとす又た反對よりして郡長知事よりも亦訴願訴訟を提起することを得べきなり

第八十八條　郡ハ其ノ公益上必要アル場合ニ於テハ寄附若ハ補助ヲ爲スコトヲ得

（説明）郡は公益上必要ありたるとき假令は土木工事又は衛生其他慈善等苟も社會の公共事業と認めたるときは郡費より之を補助し又寄附を爲し得べきことを定む

第八十九條　郡ハ其ノ必要ナル費用及法律勅令ニ依リ郡ノ負擔ニ屬スル費用ヲ支辨スル義務ヲ負フ

前項ノ負擔ハ財産ヨリ生スル收入及其ノ他ノ收入ヲ以テ充ツルモノヽ外之ヲ郡内各町村ニ分賦スヘシ

（説明）本條は郡に於て必要欠くべからざる費用及び慣習上從前より郡に屬するの費用其他法律勅令により郡の負擔に歸したる費用は負擔すべきことを定む

前項の負擔は郡の財産より收入し其使用料手數料より收入するものを以て之に充て其以外は之を郡內各町村に分賦すべきことを定む

第九十條　郡費分賦ノ割合ハ其ノ豫算ノ屬スル年度ノ前年度ニ於ケル各町村ノ直接國稅府縣稅ノ徵收額ニ依ル但シ本條ノ分賦方法ニ依リ難キ事情アルトキハ郡長ハ郡會ノ議決ヲ經內務大臣ノ許可ヲ得テ特別ノ分賦方法ヲ設クルコトヲ得

（說明）　本條は郡費の分賦方法を定むる規定なり

其分賦の割合は其前年度に於ける豫算の各町村より徵收する直接國稅府縣稅の額に依るを原則とす然し郡費が非常に超過し到底其標準を以て收支相償ひ難きときは郡長は郡會の議決により內務大臣の許可を得て特別分賦方法を設ることを得へきを定む元來郡長の最近監督者は其郡を管轄する府縣知事なるも本條は內務大臣の許可を得とせるは此特別の分賦尤も愼重せざるを得ざるに基く

第九十一條　郡內ノ一部ニ對シ特ニ利益アル事件ニ關シテハ內務大臣ノ定ムル所ニ依リ不均一ノ賦課ヲ爲スコトヲ得

（說明）本條は不均一賦課に關する規定なり
元來郡內の各町村は其分割の割合は平等なる賦課を受くるものなり然れども或る一部に對し特に利益を與ふるとき假令は堤防の修繕の如きは其沿岸人民の水害を豫防し就て生命財產を保護すべきを以て內務大臣の許可を得たる以上は不均一の賦課を出すことを得べし蓋し均一の分賦は反て權衡を失するの嫌ひあればなり

第九十二條 郡ハ其ノ必要ニ依リ夫役及現品ヲ郡內一部ノ町村ニ賦課スルコトヲ得
但シ學藝美術及手工ニ關スル勞役ヲ課スルコトヲ得ス
夫役及現品ハ急迫ノ場合ヲ除クノ外金額ニ算出シテ賦課スヘシ
夫役ハ現品ヲ賦課セラレタル町村ハ急迫ノ場合ヲ除ク外金錢ヲ以テ之ニ代フルコトヲ得
（說明）本條は郡內の或る一部の町村に對し夫役及び現品の賦課を爲し得べきことを定む

假令は郡内一部分に利益を與ふべき土木工事を起すとき各町村に分賦する費用の外其工事に必要なる人夫及び現品即ち土砂藁繩等を其地又は近傍の地に增課すべきことを得べきを定む是れ夫役現品は土木事業に必要なると且つは容易に應じ得べきの便利あればなり然れども學藝美術及び手工に關する技術は之を賦課することを得ざるものとす蓋し夫役現品は尤も便利の方法に出づるも專門の技能は同一に論ずることを得ざるものなるを以てなり

其夫役現品は金錢に算出して賦課すべく又賦課せられたる各町村は困難を感ずるときは金錢を以て代替することを得べきなり然れども洪水の爲め堤防破壞に際し之れが防禦必要なるが如き急迫なる場合に於ては此限にあらず

第九十三條 使用料手數料ノ徵收ニ關シ告知ヲ受ケタル者其ノ告知ニ違法若ハ錯誤アリト認ムルトキハ告知書ノ交付後三箇月以內ニ郡長ニ異議ノ申立ヲ爲スコトヲ得

郡費ノ分賦ニ關シ町村ニ於テ其分賦ニ違法若ハ錯誤アリト認ムルトキハ其ノ告知

ヲ受ケタル時ヨリ三箇月以内ニ郡長ニ異議ノ申立ヲ爲スコトヲ得

前二項ノ異議ハ之ヲ郡參事會ノ決定ニ付スヘシ其ノ決定ニ不服アル者ハ府縣參事會ニ訴願シ其ノ裁決ニ不服アル者ハ行政裁判所ニ出訴スルコトヲ得

前項ノ決定及裁決ニ關シテハ府縣知事郡長町村吏員ヨリモ亦訴願及訴訟ヲ提起スルコトヲ得

（說明） 本條は使用料手數料の徵收又は郡費の分賦に關し違法又は錯誤ありたるときは異議の申立を爲し得べきものとす其異議に關する方法等法文明瞭別段贅述せず詳細は府縣制第百十五條を參照せられよ

第九十四條 使用料手數料過料其ノ他郡ノ收入ヲ定期內ニ納メサル者アルトキハ國稅滯納處分ノ例ニ依リ之ヲ處分スヘシ

本條ニ記載スル徵收金ハ府縣ノ徵收金ニ次テ先取特權ヲ有シ其ノ追徵還付及時效ニ付テハ國稅ノ例ニ依ル

本條第一項ノ場合ニ於テ町村吏員ノ處分ニ不服アル者ハ郡參事會ニ訴願シ其ノ裁

決又ハ郡長ノ處分ニ不服アル者ハ府縣參事會ニ訴願シ其ノ裁決ニ不服アル者ハ行政裁判所ニ出訴スルコトヲ得

前項ノ裁決ニ關シテハ府縣知事郡長町村吏員ヨリモ亦訴願及訴訟ヲ提起スルコトヲ得

本條第一項ノ處分ハ其ノ確定ニ至ルマテ執行ヲ停止ス

（說明）　郡に納付す可き使用料手數料過料其の他郡の收入を期限內に納めざるものあれば其處分法は國稅滯納處分の例による可きものとし然して其先取特權の順序は府縣の徵收金の次とし其追徵還付及時効に就ては國稅の例に準據す可きものとす本條の處分に不服あるもの亦府縣知事郡長町村吏員よりも訴願訴訟を爲すを許し然して其處分は結局確定するまで執行を停止す可きものとす是れ確定せざれば其處分將たして當を得たるものなるや否や未だ知る可からざるものなるを以てなり

第九十五條　郡ハ其ノ負債ヲ償還スル爲又ハ郡ノ永久ノ利益トナルヘキ支出ヲ要ス

ル爲又ハ天災事變等ノ爲必要アル場合ニ限リ郡會ノ議決ヲ經テ郡債ヲ起スコトヲ得

郡債ヲ起スニ付郡會ノ議決ヲ經ルトキハ併セテ起債ノ方法利息ノ定率及償還ノ方法ニ付議決ヲ經ヘシ

郡ハ豫算內ノ支出ヲ爲ス爲メ本條ノ例ニ依ラス郡參事會ノ議決ヲ經テ一時ノ借入金ヲ爲スコトヲ得

(說明) 本條は郡債を起し得べき規定なり

そも郡と云ひ一個人と云ひ非常の場合に遭遇して巨大の臨時費を要するとき又は其負擔を償還するが爲め若くは大業を起して永遠の利益を計る場合に於ては通常の收入を以て之に應ずる能はざるを以て此際負債方法によるべき外なし但し郡の如き自治體にありては各町村の賦課を增課すべき自由あるを以て前顯の費用を町村より得るの道なきにあらず然れども斯く一時に急激の賦課を爲すときは人民の產業を害し生計を攪亂するの弊あるを以て公債を起すときは其金額

を數年間に割合て償還するにより大に平分することを得べきを以て本條に於て斯く規定せし所以なり
右起債は郡會の決議によるべきものにして併せて利息利率及び返濟の方法に付ても共に郡會の決議を經べきものとす
次に歲入出豫算內の支出を爲すが爲め必要なる一時の借入金とは年度內天災其他の事故ありて諸收入の納付遲延する爲に其支出も差支ふる如き場合に於ては郡參事會の議決を經て一時銀行等より借入を爲し得べきことを定む

第二款　歲入出豫算及決算

第九十六條　郡長ハ每會計年度歲入出豫算ヲ調製シ年度開始前郡會ノ議決ヲ經ヘシ
郡ノ會計年度ハ政府ノ會計年度ニ同シ
豫算ヲ郡會ニ提出スルトキハ郡長ハ併セテ財產表ヲ提出スヘシ
（說明）　本條は豫算調製に關する規定なり

郡長は毎會計年度の收支豫算表を調製し其年度の開始する前に郡會の議決を經ざるべからずこれ一個の團體を組織して共同事業に從ふものは十分豫算の經費を慮て其收支に充つべき道を講ぜざるべからず若し然らざるときは資力の程度を省みず遂に財産を傾盡するに至る

郡の會計年度は政府の會計年度に同じ其年四月一日より翌年三月三十一日に終るべきものとす而して郡長が右豫算事項に關し之を郡會に提出せんには併せて財産表を添へて以て其郡の資産の狀况を知悉せしめ豫算を討議するに付ての參考に供す可きなり

第九十七條 郡長ハ郡會ノ議決ヲ經テ既定豫算ノ追加若クハ更正ヲ爲スコトヲ得

（說明）通常豫算とは每年豫め其翌年度の收支を定むるを云ふ然れども其年度内に於て通常豫算に不足を生じ又は既に定まりたる豫算を更正するの必要あるときは郡長は郡會の決議を經て之を追加し又は變更することを得べきを定む

第九十八條 郡費ヲ以テ支辨スル事件ニシテ數年ヲ期シテ施行スヘキモノ又ハ數年

ヲ期シテ其ノ費用ヲ支出スヘキモノハ郡會ノ議決ヲ經テ其ノ各年期間年度ノ支出額ヲ定メ繼續費ト爲スコトヲ得

（説明）　本條は繼續費を定むる規定なり

本條は或る事項にして數年を期し施行すべきもの又は數年を期して其費用は支出せざるを得ざるべきもの例令ば疏水工事築港工事の如きは徒らに手數を煩雜ならしめ重複の議決せざるべからざるを以て郡會の議決を經て繼續費として此れに關する支出額を確定し置くべき事を定むる簡便の規定なりとす

第九十九條　豫算外ノ支出若ハ豫算超過ノ支出ニ充ツル爲豫備費ヲ設クヘシ但シ郡會ノ否決シタル費途ニ充ツルコトヲ得ス

（説明）　本條は豫備費に關する規定なり

豫備とは何ぞや一言以て之を蔽へば豫算外の支出に備ふるにあり元來豫算の性質たる一年度の收支の見込は往々想像より出す故に其豫算に超過する場合若くは曾て豫想し及ばざる事件起りて之に充つべき金額なきとき假令ば天災其他の

事變により又は物價の騰貴により其見込を超過し又は以外に支出せざるべからず此れが準備として豫備費を設け得べきなり但し豫備費にて支出するには郡會に於て可決したる場合に限る是れ郡會の決議を執行すべき性質上當然のことなりとす

第百條　豫算ハ議決ヲ得タル後直ニ之ヲ府縣知事ニ報告シ並其ノ要領ヲ告示スヘシ

（說明）本條は豫算議決を經たるときは直ちに府縣知事に報告し併せて其要領を告示すべきことを定む蓋し府縣知事は郡の監督者なるを以て之に對して其始末を知らしめ監督の便に供するにあり

第百一條　郡長ハ郡會ノ議決ヲ經テ特別會計ヲ設クルコトヲ得

（說明）郡長は郡會の議決を經て特別の事業に對し經營豫算外に特別會計を設け得べきものとす

第百二條　決算ハ翌々年通常會ニ於テ之ヲ郡會ニ報告スヘシ

郡長ハ決算ヲ郡會ニ報告スル前郡參事會ノ審査ニ付スヘシ若郡長ト郡參事會ト

意見ヲ異ニスルトキハ郡長ハ郡參事會ノ意見ヲ決算ニ添ヘ郡會ニ提出スヘシ
決算ハ之ヲ府縣知事ニ報告シ並其ノ要領ヲ告示スヘシ
（說明）　本條は決算報告に關する規定なり
元來豫算は畢竟其年度の收支の見込なるを以て其實際の結果如何を知らしむるの要あり是れ翌年度の通常會に報告すべきことを定むる所以なり
前項によりて決算報告を通常會に提出する前郡長の處置が法律又は豫算に違はざるやを審査せしむる爲め先づ之を郡參事會の意見を徵すべし若し意見異なるときは其意見書と共に翌年度の通常會に提出すべきものとす
決算は豫算と同じく之を府縣知事に其要領と共に報告すべきことを定む蓋し監督の要あればなり

第百三條　豫算調製ノ式並費目流用其ノ他財務ニ關スル必要ナル規定ハ内務大臣之ヲ定ム
（說明）　本條の豫算調製の式とは歲入歲出の二大部に分て更に之を欵項節目に

區別する等費途を詳かにするを云ふ又た費用の流用とは甲項の金額不足するに當り乙項殘餘金を移して其不足に充つるが如き類を云ふ其他財務に關する必要なる規定は內務大臣に於て其法を定め得べきことを規定す

第百四條　郡吏員ノ身元保證及賠償責任ニ關スル規定ハ勅令ヲ以テ定ヲ定ム

（說明）本條は郡の會計等を掌る吏員等の身元保證の方法を定む假令ば保證人を定め或は擔保金額を豫納せしむる等自己の過失よりして郡に損害を蒙らしむるときは其賠償の責任に關する法律勅令を以て之を定め得べきことを規定したるなり

第六章　郡の組合

（說明）國家は苟も其の利害の緊切なるにあらざれば務めて之を地方團體の自治に委す然れども行政事務の錯雜なる未だ地方團體の自治を足れりとせず故に國家は特別の目的の爲に特別の行政機關を組織することあり是れ即ち公共組合とす（水利組合の如し）然して其組合を保護する方法に二あり曰く私法上の作用

を附するもの曰く公法上の作用を付するもの是れなり私法上の共同組合を保護するは會社法規の存する所以なり其の共同組合に公法上の作用を附するは特別行政組織法規に依りて存す是れ本章に於て論述する處のものとす而し其公共組合と地方團體との共同は公共組合も公法上の人格を有して權力を行ふことと地方團體と異なるなり唯だ事務の特定せると其組織の元素が組合員に限るの二點に於て差異あるのみ

第百五條 特定ノ事務ヲ共同處理セシムル必要アル場合ニ於テハ府縣知事ハ關係アル郡參事會ノ意見ヲ徵シ府縣參事會ノ議決ヲ經内務大臣ノ許可ヲ得テ郡組合ヲ設置スルコトヲ得郡組合ノ廢止若ハ變更ニ付テモ亦同シ

（說明） 本條は郡組合の設置廢止變更に付ての手續を規定したるなり特定の事務の爲にあらざれば成立せざること前述の如し例令ば水利土工に關する事業にして其利害關係區域が市町村區域と符合せざる等の事情よりして特別組合を設置して其事業を經營するの必要あり之を稱して水利組合と云ふ是等組

合を設置するの必要あるときは府縣知事は其組合設置に關係ある郡參事會の意見を徵し尙ほ府縣參事會の決議を經最後に內務大臣の許可を得て郡組合を設置すべきものとす其組合を廢止し又は變更するの手續に付ても同一の方法に依る

第百六條 郡組合ヲ設置スルトキハ府縣知事ハ關係アル郡參事會ノ意見ヲ徵シ府縣參事會ノ議決ヲ經內務大臣ノ許可ヲ得テ郡組合會ノ組織事務ノ管理方法竝其ノ費用ノ支辨方法其ノ他必要ナル事項ヲ定ムヘシ

（說明） 本條は郡組合に關する組織及び管理方法等を定むる規定なり

郡組合の組織は如何假令は議事機關として組合會を設け組合員の選擧したる組合會議員を以て組織せらるゝなり又は理事機關として管理者を置き市町村長若くは郡長之に任するなり其他組合費の負擔は土地所有者に如何なる割合を以て賦課せしむるや又は家屋所有者に負擔せしむるや其支辨方法等府縣知事は其組合に關係ある郡參事會の意見と府縣參事會の議決を經て最後に內務大臣の許可

を得て之を定むるものとせり

第百七條 郡組合ハ法人トス

郡組合ニ關シテハ本章中規定スルモノヲ除ク外此ノ法律ノ規定ヲ準用ス但シ勅令ヲ以テ別段ノ規定ヲ設クルモノハ此ノ限ニ在ラス

(說明)郡組合は法人たることを示したる規定なり法人の性質に對しては府縣制の所に詳しく論述せるを以て之を贅せず即ち郡組合は地方團體と同じく人格を有すべきことを定めたり故に或る事業の爲めに共同自治することを得へきなり其他本章中規定するものを除く外此の法律の規定を準用すべきものとす

第七章 郡行政の監督

(說明) 元來地方自治の制たるや絕對無限に自由の政治を施行することを許したるものにあらす若し然らざれば封建割據の時に於けるが如く全國は小獨立國に分離し支離滅裂到底一定の行政を施行する能はざる慘憺に陷らん故に自治の

制の性質たるや地方團體をして一定の制限内に則ち國家より認許せられたる範圍内に於て團體の公共の事務を自治せしむるにありて國家より獨立分離するにあらす國家は其上に至て各郡を統轄して其機軸を執り之れを監督して國家の富强を圖り同時に人民の幸福安寧を保護するにあり

第百八條 郡ノ行政ハ第一次ニ於テ府縣知事之ヲ監督シ第二次ニ於テ内務大臣之ヲ監督ス

（說明） 本條は郡行政監督者を定めたるなり郡の自治事務にありては其直接に之れを監督すへき者は知事と定め而して第二次に於て内務大臣之れを監督すと規定したる内務大臣は總て地方行政の監督の職務あるを以てなり

第百九條 此ノ法律中別段ノ規定アル場合ヲ除ク外郡ノ行政ニ關スル府縣知事ノ處分ニ不服アル者ハ内務大臣ニ訴願スルコトヲ得

此ノ法律ニ規定スル異議若ハ訴願ハ處分ヲ爲シ又ハ決定書若ハ裁決書ノ交付ヲ受ケタル翌日ヨリ起算シ十四日以内ニ之ヲ提起スヘシ但シ此ノ法律中別ニ期限ヲ定

メタルモノハ此ノ限ニ在ラス
此ノ法律ニ規定スル行政訴訟ハ裁決書ノ交付ヲ受ケタル翌日ヨリ起算シ二十一日以内ニ之ヲ提起スヘシ
決定書若ハ裁決書ノ交付ヲ受ケサル者ニ關シテハ前二項ノ期間ハ告示ノ翌日ヨリ起算ス
行政裁判所ニ出訴スルコトヲ得ヘキ場合ニ於テハ内務大臣ニ訴願スルコトヲ得ス
此ノ法律ニ規定スル異議ノ決定ハ文書ヲ以テ之ヲ爲シ其ノ理由ヲ付スヘシ
前項異議ノ決定書ハ之ヲ申立人ニ交付スヘシ
此ノ法律ニ規定スル異議ノ申立若ハ訴願ノ提起ニ關スル期間ノ計算竝天災事變ノ場合ニ於ケル特例ニ付テハ民事訴訟法ノ規定ヲ準用ス
異議ヲ申立テ又ハ訴願訴訟ヲ提起スル者アルトキハ行政廳及行政裁判所ハ其ノ職權ニ依リ又ハ關係者ノ請求ニ依リ必要ト認ムル場合ニ限リ處分ノ執行ヲ停止スル

コトヲ得

（說明）本條は出訴に關する手續を規定したるものなり　郡行政の執行者又は代議機關は此法律の規定によりて人民に對し强制命令するの公權を有するを以て法律規定を誤解して一己人の權利を侵害する場合なきを保せず故に之れが保護を爲すの途を開かざる可からず玆に於て本條の規定あるなり

夫れ出訴訴願の必要あり而して旣に述へたる如く府縣知事は第一次に郡の行政を監督すべきを以て府縣知事の處分に不服あるものは第二次は監督者たる內務大臣に訴願して終審の裁決を請くることを得るものとす

一、異議若くは訴願は處分を爲し又は決定書若くは裁決書の交付を受けたる翌日より起算して十四日以內に提出す可きを原則とす

二、行政訴訟は法律に規定する場合に限る其提起期間は裁決書の交付を受けたる翌日より起算して廿一日以內なり

三、前二項に依り交付を受くべき者が之を受けざりしときは告示の翌日より起

算す可きなり

四、行政裁判所に出訴すべき場合に於て内務大臣に訴願することを許さゞる理由は共に之れ最高の監督廳にして亦最高の裁決所なり二者倶に獨立して裁定を爲し得可きものとすれば若し同一の事件に付き同時に之れを許し二樣の裁定を下すに至れは其何れを遵奉すべきや適從する所に迷はざるを得ず故に其不都合を避け二者其一に依り決して同一の事件に付き他の一方に出訴訴願することを許す可らざるなり

此法律に規定する異議の申立若くは訴願提起に關する期間の計算幷に天災地變の場合に於て其期間を遵奉する能はざるときに回復を許す可き特例の場合等は民事訴訟法の規定を準用す可きものとす(同法第一編第三章第三節第四節參照)

處分の執行を停止するは關係者に於ては大に利害の關係するものあるを以て職權上又は關係者の請求により必要と認めたるときは其執行を停止する

ことを得るものとせり

第百十條　監督官廳ハ郡行政ノ法律命令ニ背戻セサルヤ又ハ公益ヲ害セサルヤ否ヲ監視スヘシ監督官廳ハ之カ爲行政事務ニ關シテ報告ヲ爲サシメ書類帳簿ヲ徵シ竝實地ニ就キ事務ヲ視察シ出納ヲ檢閲スルノ權ヲ有ス

監督官廳ハ郡行政ヲ監督上必要ナル命令ヲ發シ處分ヲ爲スノ權ヲ有ス

（說明）　前既に述べたる如く郡は第一次に府縣知事第二次に內務大臣之れが監督を爲す可きものとす然して監督者は常に郡行政の法律命令に背反せざるや又は社會の秩序を害せざるや否やを督視し若し果して斯の如きことありと認むるときは內務大臣又は府縣知事は之れを廢止し又は督責を加ふ可きものとす故に其必要あるときは事務上の報告を爲さしめ又は其出納帳簿等の提出を命じ又は實地に付行政事務及び郡の收支の檢閲を爲すことを得可きなり

尙ほ監督官廳の行政上必要ありと認むるときは之れに對し命令を發し處分を爲し得可し是れ監督上當然來る處の結果なり

第百十一條　監督官廳ハ郡ノ豫算中不適當ト認ムルモノアルトキハ之ヲ消滅スルコトヲ得

（說明）　本條も監督に係る規定なり

監督上湧出する處の結果にして郡長及び議會に於て共に是認する處の每一年度の收支豫算なるも郡人民の資力に比して不適當の支出なきにあらず斯の如きは大に人民の不幸なるを以て監督上之に削除又は減額して適當の豫算成り立たしむることを得べきを定む

第百十二條　內務大臣ハ郡會ノ解散ヲ命スルコトヲ得

郡會解散ノ場合ニ於テハ三箇月以內ニ議員ヲ選擧スヘシ

解散後始メテ郡會ヲ招集スルトキハ郡長ハ第二十八條第二項ノ規定ニ拘ラス府縣知事ノ許可ヲ得テ別ニ會期ヲ定ムルコトヲ得

（說明）　本條は郡會の解散に關する規定なり

郡會解散は內務大臣に於て之を命じ解散后三ヶ年以內に新議員を選擧すべきも

のとす然して如何なる場合に解散を命ずべきやを之を明説するに困しむも蓋し議會紛々擾々して徒らに黨派の爭を事とし郡の利害休戚を顧みざる等重要なる場合に命ぜらるゝものにして併し之を命ずるには當路者に於ても注意謹愼を要するなり然らざれば反て其弊害なきこと得ず解散后始めて郡會を招集するときは前會に於て澁滯せし議事殘留せるを以て第三十條第二次の通常會は十四日臨時會は五日以內とする規定に拘はらず府縣知事の許可を得て別に會期を定むることを得べきものとす

第百十三條 吏員ノ服務紀律ハ內務大臣之ヲ定ム

（說明） 元來郡吏員たるの身分を得るは本人の自由意見に基くも一旦吏員となりたる以上は如何なる職務を執行するやの點に就ては本人の意思如何にあらずして監督權にあつて命ずる處のものにして即ち內務大臣が吏員の職務を規律し其監督權に羈束せらるゝものとす

第百十四條 左ニ揭クル事件ハ內務大臣ノ許可ヲ受クルコトヲ要ス

一　學藝美術又ハ歴史上貴重ナル物件ヲ處分シ若ハ大ナル變更ヲ爲ス事

二　使用料手數料ヲ新設シ增額シ又ハ變更スル事

（說明）　本條學藝美術又は歴史上貴重なる物件は之が處分を爲し又は變更を爲すが如きは何れも注意謹愼せずんば亦た回復すべからざる損害あるを以て容易に之を許すべからず是れ內務大臣の許可を得べきことを定めたるなり又使用料手數料を新に賦課し又は增額を出す等大に人民の權利に影響するを以て本條に於て監督者の許可を得て爲すべきことを定め其濫弊を豫備せり

第百十五條　郡債ヲ起シ竝起債ノ方法利息ノ定率及償還ノ方法ヲ定メ若ハ之ヲ變更スルトキハ內務大臣大藏大臣ノ許可ヲ受クルコトヲ要ス但シ第九十五條末項ノ借入金ハ此ノ限ニ在ラス

（說明）　郡債を起し及び其起すべき方法利息の定率幷に舊債の償還の方法を定め若くは之を變更する事は郡の重要の事件にして其處置如何によりて郡自己の經濟を錯亂するのみならず社會の經濟に影響するの恐あるを以て特に內務大臣

大藏大臣の許可を受くべきことを定む併し豫算內に於ける支出を銀行等に於イ一時借入は此限にあらず

第百十六條 左ニ掲クル事件ハ府縣知事ノ許可ヲ受クルコトヲ要ス

一 積立金穀等ノ設置及處分ニ關スル事

二 寄附若ハ補助ヲ爲ス事

三 不動產ノ處分ニ關スル事

四 第九十二條ニ依リ夫役及現品ヲ賦課スル事但シ急迫ノ場合ハ此ノ限ニ在ラス

五 繼續費ヲ定メ若ハ變更スル事

六 特別會計ヲ設クル事

（說明） 本條府縣知事の許可を受くべき事項を定む

本條第一より第三に至る事件は郡の經濟に關し重要の關係あるを以て一步を誤るときは郡の損害を來すべきものとす即ち郡が臨時急迫の場合に備うる積立金

穀等を處分するか如く又は寄付行爲の爲公益事業を補助するか如き若くは郡の收入の一源泉たる不動產を處分するか如きは大に郡の利害に影響を及ほすを以て其自由に放任せず府縣知事の許可を得べきことを定む

第九十二條に依り郡內の或る部分に對して利益ある土木事業を起すに當りて其利益の厚薄に應じて夫役現品を賦課する如きは偏重偏輕の結果を生ずる恐れあり故に手續を鄭重にして認可を受けしむるの要あり

又た數年に涉る事業又は支出は其利益得失深く考ふべきものなるを以て輕卒に實行すべからず是れ認可の要あるなり其他第百一條の規定にある或る特別の事項に豫算外に會計を設くることも郡の經濟に波及するを以て是亦認可の要あるものとす

第百十七條 郡ノ行政ニ關シ監督官廳ノ許可ヲ要スヘキ事項ニ付テハ監督官廳ハ許可申請ノ趣旨ニ反セスト認ムル範圍內ニ於テ更正シテ許可ヲ與フルコトヲ得

（說明） 本條は監督官廳の權限の一を規定したるなり

監督官廳は許可を得べき事項を不當と見認むる場合は絶對に之を許可せざるは素より之を爲し得へきなり然れども許可の申請か其趣旨に反せざる範圍内に於て更正して其許可を爲すことを得べきものとす

第百十八條 郡ノ行政ニ關シ主務大臣ノ許可ヲ要スヘキ事項中其ノ輕易ナルモノハ勅令ノ規定ニ依リ其ノ職權ヲ府縣知事ニ委任スルコトヲ得

（説明） 元來主務大臣の許可を要す可き事項なるも輕少なるときは勅令により て其職權を府縣知事に委任すべきことを定めたるものなり然して其事件の重輕は玆に之を斷言すること難し勅令の規定を待て知る可きなり

第百十九條 府縣知事ハ郡吏員ニ對シ懲戒處分ヲ行フコトヲ得其ノ懲戒處分ハ譴責二十五圓以下ノ過怠金及解職トス

府縣知事ハ郡吏員ノ懲戒處分ヲ行ハントスル前其ノ吏員ノ停職ヲ命シ竝給料ヲ支給セサルコトヲ得

懲戒ニ依リ解職セラレタル者ハ二年間其ノ郡ノ公職ニ選擧セラレ若ハ任命セラル

ルコトヲ得ス

（說明）元來吏員の服從關係は一般臣民の服從義務の外に特別服從の狀況に在るものなるを以て若し其特別服從義務を全ふせざるものに對しては之れか制裁なかるべからず是即ち吏員の懲戒なり懲戒は刑罰と異なりて服從關係を勵行するの方法たるに過ぎさるなり而して懲戒處分を爲す方法は譴責二十五圓以下の過怠金及解職とす然らは解職せられたるときの効果如何は本條末項に規程する處にして二年間郡の公職に選擧せられ又は任命せらるゝこと能はさるものなり

第八章　附則

（說明）附則とは從來叙述したる規定の實施を助け且つ舊制より新制に變遷するに當り一時欠くへからざる條則を列記するものなり

第百二十條　此ノ法律ハ明治二十三年法律第三十六號郡制ヲ施行シタル府縣ニハ明治三十二年七月一日ヨリ之ヲ施行シ其ノ他ノ府縣ニ關スル施行ノ時期ハ府縣知事

ノ具申ニ依リ内務大臣之ヲ定ム

（說明）本條は讀て字の如く別段解釋するの要なし

第百二十一條 郡內總町村ニ屬スル事業竝其ノ財產營造物ハ小學校ヲ除ク外此ノ法律施行ノ日ヨリ郡ニ移ルモノトス

（說明）郡內の總町村に屬する事業及び其財產等は取りも直さす郡の所有と同一なるを以て其中に就て小學校を除く外總て此法律實施の日より其所有權を郡に移すものとす就て之に關する管理若くは維持の義務も亦郡に移るは論を竢たす蓋し小學校を除きたる理由は小學校は町村義務として設立するものにして又た其町村に欠くへからさる營造物なるか爲めならん

第百二十二條 此ノ法律ノ規定ニ依リ府縣知事府縣參事會ノ職權ニ屬スル事件ニシテ數府縣ニ渉ルモノアルトキハ關係府縣知事ノ具狀ニ依リ內務大臣ニ於テ其ノ事件ヲ管理スヘキ府縣知事及府縣參事會ヲ指定スヘシ

（說明）府縣知事同參事會の職權に屬する事件か數府縣に渉るとき假令は土木

水利等一大工事に着するときは往々にして數府縣に渉る場合なきにあらす斯るときは府縣の衝突を來すを以て關係知事の異狀により其內に付き內務大臣に於て其事件を管課する知事及府縣參事會を指定するものとせり

第百二十三條 島嶼ニ關シテハ別ニ勅令ヲ以テ其ノ制ヲ定ムルコトヲ得

前項ノ島嶼ハ勅令ヲ以テ之ヲ指定ス

（說明） 島嶼に關する郡行政は一律を以て論すへからさるより其制度を勅令を以て定むへきものとせり

第百二十四條 明治二十三年法律第三十六號郡制ノ規定ニ依リ選擧セラレタル郡會議員郡參事會員ハ此ノ法律施行ノ日ヨリ其ノ職ヲ失フ

本法發布後施行ノ日ニ至ルマテノ間ニ明治二十三年法律第三十六號郡制ヲ施行シタル府縣ニ於テハ郡會議員ノ改選ヲ要スルコトアルモ其ノ改選ヲ行ハス議員ハ本法施行ノ日マテ在任ス

（說明） 本條は此法律を施行するときは從來の郡會議員及び郡參事會員の資格

に關する効力如何を規定したるものにして法文明瞭なるにより說明を省く

第百二十五條 此ノ法律施行ノ際郡會及郡參事會ノ職務ニ屬スル事項ニシテ急施ヲ要スルモノハ其ノ成立ニ至ルマテノ間郡長之ヲ行フ

（說明） 本條は前條に於て明白なるか如く此法律施行と同時に郡參事會員は其職を失ふを以て其職務に屬する事項にして尙ほ急施を要すへきものは已むを得す其郡會若くは郡參事會の成立するまて郡長之を代はりて之に行ふへき便宜の方法を規定したるなり

第百二十六條 此ノ法律ニ定ムル府縣參事會ノ職務ハ府縣制ヲ施行シ府縣參事會ノ成立ニ至ルマテノ間府縣知事之ヲ行フ

（說明） 本條も前條と其性質を同しくし府縣參事會の職務は其成立する迄は府縣知事代はりて之を行ふへき規定なり

第百二十七條 此ノ法律ニ定ムル直接稅ノ種類ハ內務大臣及大藏大臣之ヲ告示ス

（說明） 元來直接稅と間接稅との區別は實際各種の稅目に付き分別せんには往

往議論あるを免れず直接稅は地租所得稅營業稅の類を云ふものなれども將來稅法改正の結果新たに加へらる可きもの亦た廢止せらるゝ等變動を免かれす故に其の種類は內務大臣及び大藏大臣に於て之を定めて一般に告示し之れに從ふべきものとせり

第百二十八條　明治十一年第十七號布告郡區町村偏制其ノ他此ノ法律ニ牴觸スル法規ハ此ノ法律施行ノ地ニ於テハ其ノ効力ニ失フ

（說明）　本條は新法は舊法に勝るとの格言により此法律と牴觸する舊法規は施行すると同時に其効力を失ふ事を定む

第百二十九條　此ノ法律ヲ施行スル爲必要ナル事項ハ命令ヲ以テ之ヲ定ム

（說明）　元來或る事項を法律として公布せんには帝國議會の協賛を經へきものとす故に時々變更を生するか如き規定を法律として之を定め其之を施行するに必要なる事項等は命令を以て定むへきものとなしたるなり

郡制釋義 終

大正三年十一月二十五日八版印刷
大正三年十一月二十八日八版發行

著者　栗本勇之助
　　　森惣之助

發行者　東京市神田區表神保町二番地
　　　辻本末吉

東京市神田區表神保町二番地
發兌　修學堂書店
電話本局五一二三
振替東京三二八

印刷者　東京京橋區新富町三丁目二番地
　　　川西房次郎

印刷所　東京京橋區新富町三丁目二番地
　　　日新印刷株式會社

改正 府縣制郡制釋義

正價金壹圓
郵税金八錢

明治三十二年五月廿三日初版發行

地方自治法研究復刊大系〔第282巻〕

府県制郡制釈義 全〔大正3年初版〕

日本立法資料全集 別巻 1092

2019(令和元)年12月20日　復刻版第1刷発行　7692-3:012-005-005

同　著　栗　本　勇　之　助
　　　　森　　　惣　之　祐

発行者　今　井　　　貴
　　　　稲　葉　文　子
発行所　株式会社信山社
〒113-0033 東京都文京区本郷6-2-9-102東大正門前
Ⓣ03(3818)1019　Ⓕ03(3818)0344
来栖支店〒309-1625 茨城県笠間市来栖2345-1
Ⓣ0296-71-0215　Ⓕ0296-72-5410
笠間才木支店〒309-1611 笠間市笠間515-3
Ⓣ0296-71-9081　Ⓕ0296-71-9082
印刷所　ワ イ ズ 書 籍
製本所　カナメブックス
用　紙　七 洋 紙 業

printed in Japan　分類 323.934 g 1092

ISBN978-4-7972-7692-3 C3332 ¥28000E

広中俊雄 編著　〔協力〕大村敦志・岡孝・中村哲也

日本民法典資料集成

第一巻　民法典編纂の新方針

【目　次】

来栖三郎著作集Ⅰ～Ⅲ

《解説》安達三季生・池田恒男・岩城謙二・清水誠・須永醇・瀬川信久・田島裕・利谷信義・唄孝一・久留都茂子・三藤邦彦・山田卓生

信山社

◆穂積重遠
法教育著作集
われらの法
全3集　【解題】大村敦志

■第1集　法　学
◇第1巻『法学通論(全訂版)』／◇第2巻『私たちの憲法』／◇第3巻『百万人の法律学』／◇第4巻『法律入門—NHK教養大学—』／◇正義と識別と仁愛　附録—英国裁判傍聴記／【解題】(大村敦志)

■第2集　民　法
◇第1巻『新民法読本』／◇第2巻『私たちの民法』／◇第3巻『わたしたちの親族・相続法』／◇第4巻『結婚読本』／【解題】(大村敦志)

■第3集　有閑法学
◇第1巻『有閑法学』／◇第2巻『続有閑法学』／◇第3巻『聖書と法律』／【解題】(大村敦志)

◆フランス民法　日本における研究状況
大村敦志 著

信山社

日本立法資料全集 別巻

地方自治法研究復刊大系

地方事務叢書 第三編 市町村公債 第3版〔大正13年10月発行〕／水谷平吉 著
市町村大字読方名彙 大正14年度版〔大正14年1月発行〕／小川琢治 著
通俗財政経済体系 第五編 地方予算と地方税の見方〔大正14年1月発行〕／森田久 編輯
市制町村制実例総覧 完 大正14年第5版〔大正14年1月発行〕／近藤行太郎 主纂
町村会議員選挙要覧〔大正14年3月発行〕／津田東璋 著
実例判例文例 市制町村制総覧〔第10版〕第一分冊〔大正14年5月発行〕／法令研究会 編纂
実例判例文例 市制町村制総覧〔第10版〕第二分冊〔大正14年5月発行〕／法令研究会 編纂
増補訂正 町村制詳解 第18版〔大正14年6月発行〕／長峰安三郎 三浦通太 野田千太郎 共著
町村制要義〔大正14年7月発行〕／若槻禮次郎 題字 尾崎行雄 序文 河野正義 述
地方自治之研究〔大正14年9月発行〕／及川安二 編輯
市町村 第1年合本 第1号-第6号〔大正14年12月発行〕／帝國自治研究会 編輯
市制町村制 及 府県制〔大正15年1月発行〕／法律研究会 著
農村自治〔大正15年2月発行〕／小橋一太 著
改正 市制町村制示解 全 附録〔大正15年5月発行〕／法曹研究会 著
市町村民自治読本〔大正15年6月発行〕／武藤榮治郎 著
改正 地方制度輯覧 改訂増補第33版〔大正15年7月発行〕／良書普及会 編著
市制町村制 及 関係法令〔大正15年8月発行〕市町村雑誌社 編輯
改正 市町村制義解〔大正15年9月発行〕／内務省地方局 安井行政課長 校閲 内務省地方局 川村芳次 著
改正 地方制度解説 第6版〔大正15年9月発行〕／挟間茂 著
地方制度之栞 第83版〔大正15年9月発行〕／湯澤睦雄 著
改訂増補 市制町村制逐條示解〔改訂57版〕第一分冊〔大正15年10月発行〕／五十嵐鑛三郎 他 著
実例判例 市制町村制釈義 大正15年再版〔大正15年9月発行〕／梶康郎 著
改訂増補 市制町村制逐條示解〔改訂57版〕第二分冊〔大正15年10月発行〕／五十嵐鑛三郎 他 著
註釈の市制と町村制 附 普通選挙法 大正15年初版〔大正5年11月発行〕／法律研究会 著
実例町村制 及 関係法規〔大正15年12月発行〕自治研究会 編纂
改正 地方制度通義〔昭和2年6月発行〕／荒川五郎 著
地方事務叢書 第七編 普選法事務提要 再版〔昭和2年6月発行〕／東京地方改良協会 編著
都市行政と地方自治 初版〔昭和2年7月発行〕／菊池慎三 著
普通選挙と府県会議員 初版〔昭和2年8月発行〕／石橋孫治郎 編輯
逐条示解 地方税法 初版〔昭和2年9月発行〕／自治館編輯局 編著
市制町村制 実務詳解 初版〔昭和2年10月発行〕／坂千秋 監修 自治研究会 編纂
註釈の市制と町村制 附 普通選挙法〔昭和3年1月発行〕／法律研究会 著
市町村会 議員の常識 初版〔昭和3年4月発行〕／東京仁義堂編集部 編纂
地方自治と東京市政 初版〔昭和3年8月発行〕／菊池慎三 著
註釈の市制と町村制 施行令他関連法収録〔昭和4年4月発行〕／法律研究会 著
市町村会議員 選挙戦術 第4版〔昭和4年4月発行〕／相良一休 著
市町村会議員必携 改訂9版〔昭和4年5月発行〕／地方自治協会 編輯
現行 市制町村制 並 議員選挙法規 再版〔昭和5年1月発行〕／法曹閣 編輯
地方制度改正大意 第3版〔昭和4年6月発行〕／狭間茂 著
市制町村制 及 関係法令 昭和4年初版〔昭和4年7月発行〕市町村雑誌社 編輯
改正 市町村会議提要 昭和4年初版〔昭和4年7月発行〕／山田民蔵 三浦教之 共著
市町村税戸数割正義 昭和4年再版〔昭和4年8月発行〕／田中廣太郎 著
倫敦の市制と市政 昭和4年初版〔昭和4年8月発行〕／小川市太郎 著
改正 市制町村制 並ニ 府県制 初版〔昭和4年10月発行〕／法律研究会 編
実例判例 市制町村制釈義 第4版〔昭和4年5月発行〕／梶康郎 著
新旧対照 市制町村制 並 附属法規〔昭和4年7月発行〕／良書普及会 著
市町村制ニ依ル 書式ノ草稿 及 実例〔昭和4年9月発行〕／加藤治彦 編
改訂増補 都市計画と法制 昭和4年改訂3版〔昭和4年10月発行〕／岡崎早太郎 著
いろは引市町村名索引〔昭和4年10月発行〕／杉田久信 著
市町村税務 昭和5年再版〔昭和5年1月発行〕／松岡由三郎 序 堀内正作 著
市会町村会 議事必携 訂正再版〔昭和5年2月発行〕／大塚辰治 著
市町村予算の見方 初版〔昭和5年3月発行〕／西野喜興作 著
市町村会議員 及 公民提要 初版〔昭和5年1月発行〕／自治行政事務研究会 編輯
地方事務叢書 第九編 市町村事務提要 第1分冊 初版〔昭和5年3月発行〕／村田福次郎 編
地方事務叢書 第九編 市町村事務提要 第2分冊 初版〔昭和5年3月発行〕／村田福次郎 編
町村会事務必携 昭和5年初版〔昭和5年7月発行〕／原田知壯 編著
改正 市制町村制解説〔昭和5年11月発行〕／挟間茂 校 土谷覺太郎 著
加除自在 参照條文附 市制町村制 附 関係法規〔昭和6年5月発行〕／矢島和三郎 編纂
市制町村制 府県制 昭和6年初版〔昭和6年9月発行〕／由多仁吉之助 編輯
地租法 耕地整理法 釈義〔昭和6年11月発行〕／唯野喜八 伊東久太郎 河沼高輝 共著
改正版 市制町村制 並ニ 府県制 及ビ重要関係法令〔昭和8年1月発行〕／法制堂出版 著
改正版 註釈の市制と町村制 最近の改正を含む〔昭和8年1月発行〕／法制堂出版 著
改訂加除 地方制度輯攬 改訂76版 第一分冊〔昭和8年11月発行〕／良書普及会 編纂
改訂加除 地方制度輯攬 改訂76版 第二分冊〔昭和8年11月発行〕／良書普及会 編纂
市制町村制 及 関係法令 第3版〔昭和9年5月発行〕／野田千太郎 編輯
府県会を主とする 選挙の取締と罰則〔昭和10年8月発行〕／若泉小太郎 著
実例判例 市制町村制釈義 昭和10年改正版〔昭和10年9月発行〕／梶康郎 著
改訂増補 市制町村制実例総覧 第一分冊〔昭和10年10月発行〕／良書普及会 編纂
改訂増補 市制町村制実例総覧 第二分冊〔昭和10年10月発行〕／良書普及会 編纂

日本立法資料全集 別巻

地方自治法研究復刊大系

新旧対照 改正 市制町村制新釈 明治44年初版〔明治44年6月発行〕／佐藤貞雄 編纂
改正 町村制詳解〔明治44年8月発行〕／長峰安三郎 三浦通太 野田千太郎 著
新旧対照 市制町村制正文〔明治44年8月発行〕自治館編輯局 編纂
地方革新講話〔明治44年9月発行〕西内天行 著
改正 市制町村制釈義〔明治44年9月発行〕／中川健藏 宮内國太郎 他 著
改正 市制町村制正解 附 施行諸規則〔明治44年10月発行〕／福井淳 著
改正 市制町村制講義 附 施行諸規則 及 市町村事務摘要〔明治44年10月発行〕／樋山廣業 著
新旧比照 改正市制町村制註釈 附 改正北海道二級町村制〔明治44年11月発行〕／植田鹽惠 著
改正 市町村制 並 附属法規〔明治44年11月発行〕／楠綾雄 編輯
改正 市制町村制精義 全〔明治44年12月発行〕／平田東助 題字 梶康郎 著述
改正 市制町村制義解〔明治45年1月発行〕／行政法研究会 講述 藤田謙堂 監修
増訂 地方制度之栞 第13版〔明治45年2月発行〕／警眼社編集部 編纂
地方自治 及 振興策〔明治45年3月発行〕／床次竹二郎 著
改正 市制町村制正解 附 施行諸規則 第7版〔明治45年3月発行〕福井淳 著
改正 市制町村制講義 全 第4版〔明治45年3月発行〕秋野沆 著
増訂 農村自治之研究 大正2年第5版〔大正2年6月発行〕／山崎延吉 著
自治之開発訓練〔大正元年6月発行〕／井上友一 著
市制町村制逐條示解〔初版〕第一分冊〔大正元年9月発行〕／五十嵐鑛三郎 他 著
市制町村制逐條示解〔初版〕第二分冊〔大正元年9月発行〕／五十嵐鑛三郎 他 著
改正 市町村制問答説明 附 施行細則 訂正増補3版〔大正元年12月発行〕／平井千太郎 編纂
改正 市制町村制註釈 附 施行諸規則〔大正2年3月発行〕／中村文城 註釈
改正 市町村制正文 附 施行法〔大正2年5月発行〕／林甲子太郎 編輯
増訂 地方制度之栞 第18版〔大正2年6月発行〕／警眼社 編集 編纂
改正 市制町村制詳解 附 関係法規 第13版〔大正2年7月発行〕／坪谷善四郎 著
改正 市制町村制 第5版〔大正2年7月発行〕／修学堂 編
細密調査 市町村便覧 附 分類官公衙公私学校銀行所在地一覧表〔大正2年10月発行〕／白山榮一郎 監修 森田公美 編著
改正 市制 及 町村制 訂正10版〔大正3年7月発行〕／山野金蔵 編輯
市制町村制正義〔第3版〕第一分冊〔大正3年10月発行〕／清水澄 末松偕一郎 他 著
市制町村制正義〔第3版〕第二分冊〔大正3年10月発行〕／清水澄 末松偕一郎 他 著
改正 市制町村制 及 附属法令〔大正3年11月発行〕／市町村雑誌社 編著
府県制郡制釈義 全〔大正3年11月発行〕／栗本勇之助 森惣之祐 著
以呂波引 町村便覧〔大正4年2月発行〕／田山宗堯 編輯
改正 市制町村制講義 第10版〔大正5年6月発行〕／秋野沆 著
市制町村制実例大全〔第3版〕第一分冊〔大正5年9月発行〕／五十嵐鑛三郎 著
市制町村制実例大全〔第3版〕第二分冊〔大正5年9月発行〕／五十嵐鑛三郎 著
市町村名辞典〔大正5年10月発行〕／杉野耕三郎 編
市町村吏員提要 第3版〔大正6年12月発行〕／田邊好一 著
改正 市制町村制と衆議院議員選挙法〔大正6年2月発行〕／服部喜太郎 編輯
新旧対照 改正 市制町村制新釈 附 施行細則 及 執務條規〔大正6年5月発行〕／佐藤貞雄 編纂
増訂 地方制度之栞 大正6年第44版〔大正6年5月発行〕／警眼社編輯部 編纂
実地応用 町村制問答 第2版〔大正6年7月発行〕／市町村雑誌社 編纂
帝国市町村便覧〔大正6年9月発行〕／大西林五郎 編
地方自治講話〔大正7年12月発行〕／田中四郎左右衛門 編輯
最近検定 市町村名鑑 附 官国幣社及諸学校所在地一覧〔大正7年12月発行〕／藤澤衛彦 著
農村自治之研究 明治41年再版〔明治41年10月発行〕／山崎延吉 著
市制町村制講義〔大正8年1月発行〕／樋山廣業 著
改正 町村制詳解 第13版〔大正8年6月発行〕／長峰安三郎 三浦通太 野田千太郎 著
改正 市町村制註釈〔大正10年6月発行〕／田村浩 編集
大改正 市制 及 町村制〔大正10年6月発行〕／一書堂書店 編
市制町村制 並 附属法 訂正再版〔大正10年8月発行〕／自治館編集局 編纂
改正 市町村制詳解〔大正10年11月発行〕／相馬昌三 菊池武夫 著
増補訂正 町村制詳解 第15版〔大正10年11月発行〕／長峰安三郎 三浦通太 野田千太郎 著
地方施設改良 訓諭演説集 第6版〔大正10年11月発行〕／鹽川玉江 編輯
改正 市制町村制 大正11年初版〔大正11年2月発行〕／関信太郎 編輯
戸数割規則正義 大正11年増補四版〔大正11年4月発行〕／田中廣太郎 著 近藤行太郎 著
東京市会先例彙輯〔大正11年6月発行〕／八田五三 編纂
市町村国税事務取扱手続〔大正11年8月発行〕／広島財務研究会 編纂
自治行政資料 斗米遺粒〔大正12年6月発行〕／樫田三郎 著
市町村大字読方名彙 大正12年度版〔大正12年6月発行〕／小川琢治 著
地方自治制要義 全〔大正12年7月発行〕／末松偕一郎 著
北海道市町村財政便覧 大正12年初版〔大正12年8月発行〕／川西輝昌 編纂
東京市政論 大正12年初版〔大正12年12月発行〕／東京市政調査会 編輯
帝国地方自治団体発達史 第3版〔大正13年3月発行〕／佐藤亀齢 編輯
自治制の活用と人 第3版〔大正13年4月発行〕／水野錬太郎 述
改正 市制町村制逐條示解〔改訂54版〕第一分冊〔大正13年5月発行〕／五十嵐鑛三郎 他 著
改正 市制町村制逐條示解〔改訂54版〕第二分冊〔大正13年5月発行〕／五十嵐鑛三郎 他 著
台湾 朝鮮 関東州 全国市町村便覧 各学校所在地 第一分冊〔大正13年5月発行〕／長谷川好太郎 編纂
台湾 朝鮮 関東州 全国市町村便覧 各学校所在地 第二分冊〔大正13年5月発行〕／長谷川好太郎 編纂
市町村特別税之栞〔大正13年6月発行〕／三邊長治 序文 水谷平吉 著
市制町村制実務要覧〔大正13年7月発行〕／梶康郎 著
正文 市制町村制 並 附属法規〔大正13年10月発行〕／法曹閣 編輯